すぐに使えてよくわかる
養護教諭の
フィジカルアセスメント ②

医療法人社団　北垣会
たけしファミリークリニック院長
千葉大学医学部臨床教授
北垣 毅

少年写真新聞社

はじめに

　このたび『養護教諭のフィジカルアセスメント2』が発刊になりました。今回も第1弾に引き続いて、学校現場で遭遇するけがや病気について養護教諭が自分一人でどこまでできるかということを目標に書きました。

　昔は「医者ならば、何でも知っているだろう」と思われていたようですが、最近は医療の専門性というのが患者さんに浸透してきたようで、内科医に耳のことを聞いたり、外科医に子どもの夜尿症のことを相談したりする人は少ないようです。

　しかしながら、保護者の間で養護教諭への期待あるいは要求はどうでしょうか？「子どもが学校にいる間のけがや病気に関しては、全て学校側で対応をしてほしい」というような声が大きくなっているのではないでしょうか？

　昔は誠心誠意であれば特に問われることのなかったけがや病気の対応が、今や少しの判断ミスが後々の保護者からのクレームにつながることも少なくないでしょう。

　そうしたことがどんどん養護教諭の精神的疲弊にもつながり、「怖くて何もできない。どんなことでもすぐに病院へ相談する」という消極的な態度で毎日過ごすことにもなりかねません。学

校現場は病院と違い、検査や治療ができません。その環境下で病院と同じ視線で児童生徒に対応することは時として難しいものです。

◆

　私も学校医をしておりますが、健康診断などで学校にお邪魔した際に、腹痛の生徒を診察してほしいと言われたときには、レントゲンも血液検査も何もできない現場で全く手が出ず、途方にくれました。「そのような現場で、養護教諭は毎日格闘しているのだな」と思う気持ちが、いつまでも心に強く残っております。

　こうした先生方を影ながら応援したいと思い、事例をもとに学校現場でどう対応すればいいのかということを実践形式で書きました。

　最後になりましたが、執筆に際し、現場からの経験をもとに監修してくださった千葉県立柏高等学校養護教諭の宇田川和子先生、連載執筆の機会をくださった日本学校保健研修社雑誌『健』の松井徹編集長に深く感謝の意を表したいと思います。

たけしファミリークリニック院長　北垣　毅

はじめに…………………………………………………………… 2

第1章
けいれん（前編）対応は意外に簡単!? ………………………… 6

第2章
けいれん（後編）てんかんについて知ろう！……………… 14
　Q&A ………………………………………………………… 22

第3章
風邪　風邪を極める …………………………………………… 24
　Q&A ………………………………………………………… 33

第4章
発疹　湿疹と発疹の違いとは？ ……………………………… 35
　Q&A ………………………………………………………… 44

第5章
蕁麻疹（じんましん）　あーかゆいよ！　どうする？　蕁麻疹対応 …………… 45
　Q&A ………………………………………………………… 55

第6章
過呼吸　過呼吸に隠されたわなを見抜け …………………… 57
　Q&A ………………………………………………………… 65

第7章
鼻血　誰でも簡単にできる正しい鼻血の対応 ……………… 66
　Q&A ………………………………………………………… 75

第8章
脳震盪（のうしんとう）　脳震盪を見抜くためには ………………………… 76
　Q&A ………………………………………………………… 84

第9章
胃腸炎（前編）　症状・診断編 ……………………………………… 85

第10章
胃腸炎（後編）　治療編 ……………………………………………… 95
　Q&A …………………………………………………………………… 106

第11章
学校健診　学校健診って本当に必要？ ……………………………… 107
　Q&A …………………………………………………………………… 115

第12章
乗り物酔い　酔う前にしっかり対策を！ …………………………… 116
　Q&A …………………………………………………………………… 126

第13章
薬　その使い方って正しい？　薬のウソ、本当 …………………… 127
　Q&A …………………………………………………………………… 137

第14章
起立性調節障害　増えている子どものめまい ……………………… 138
　Q&A …………………………………………………………………… 149

第15章
プール対策　水泳可能な児童生徒の見極め ………………………… 151
　Q&A …………………………………………………………………… 161

第16章
突然死　突然死を起こしやすい心疾患 ……………………………… 162
　Q&A …………………………………………………………………… 171

さくいん ………………………………………………………………… 172

第1章 けいれん（前編）
対応は意外に簡単!?

けいれんが起こった！ どう対応する？

まずはけいれんのお話。学校現場で数年も勤務すると、けいれんを起こす児童生徒を経験すると思う。みなさんにとっては、何度見ても怖く、対応に不安がある症状かもしれないが、病院スタッフにとってもけいれん発作は怖い。病院で患者がけいれんを起こすと、原因はさまざまであることもあり、超緊急対応になる。でも学校では健康な児童生徒が多い中、けいれんを起こす子どもの多くが、既往歴にてんかんがある場合が多いことだろう。そうなると学校と病院では初期対応が少し違う。

まずは以下の2つの事例をみていこう。

＜ケース1　病院の待合室で＞
14歳男子。てんかんの既往歴あり。てんかんの薬をもらいに病院に来た。それまでは元気だったが、病院の待合室で急に意識を消失して、全身けいれんが起きた。すぐさま院内に緊急コールが鳴り響き、数人のスタッフが、慌ただしく、モニター・酸素・点滴などを準備する。「うわあーまずい、早くけいれんを止めなくちゃ！」と大慌て。「先生、早く来

て！」
<ケース２　学校で>
　14歳男子。てんかんの既往歴あり。こちらもそれまでは元気だったのが、教室で急に意識を消失して、全身けいれんが起きた。養護教諭が駆けつけ、時間と脈をみながら、しばらく何もせずに経過観察をした。「そのうち、けいれんは止まるだろう……」と、あまり慌てていない。「さあて、５分くらい様子見よっと」

「どっちが対応として正しいの？　どうして病院でけいれんを起こすと超緊急対応になるの？」なんて疑問が浮かんだかもしれないが、どちらも対応としては正しいのだ。病院でけいれんが超緊急対応になるのは、院内ではさまざまな疾患の患者がいて、てんかん発作以外のけいれんも多いからだ。例えば、肺炎で低酸素状態になったり、不整脈があったり、あるいは低血糖の場合などもけいれんを引き起こす。病院では、けいれん→すぐに発作を止める、という方程式ができあがっているのだ。

　ケース２で、けいれんが起きても養護教諭が落ち着いていられたのは、生徒に「てんかんの既往があるから」だろう。じゃあ、既往歴が全く分からない児童生徒の場合はどうする？

学校ですぐにできる　けいれん対応

　学校現場でけいれんが起きたら、どう対応すればいいか？　今回のメインはコレ。今まで一度もけいれんする児童生徒を見

たことがない先生も、コレだけ押さえておけば大丈夫。そんな方法を紹介しよう。

　急に全身けいれんで倒れた児童生徒がいて「ビビらない」人なんか正直言っていない。意識がなく、白目をむいてガクガク、そして顔色も悪い、こんな状態を目のあたりにして、平常心を保つなんて、医者でも無理だ。だから、けいれんは怖いと思うのはごく普通のこと。大いにビビろう。しかし「やるべきこと」は意外に少ないのだ。

けいれんが起きたらやるべきこと

① 意識を確認する。けいれんしていても、返事ができるなら、対応が違ってくる。

② 始まった時刻をチェック。救急搬送するかしないかの基準になる。

③ 周りに人がいれば手伝いをお願いする。1～2人程度で大丈夫。誰もいなければ大きな声で人を呼ぶか、携帯電話ですぐ来ても

らえる人に連絡をとる。発作開始時刻を記録してもらう。
④ 頭と地面の間に柔らかいもの（タオル、服、段ボールなど）を入れて、頭部外傷を防ぐ。
⑤ 周りに危険なもの（椅子、机、自転車、ストーブなど）があれば片付ける。
⑥ 歯をかみしめていても、口の中には何も入れない。けいれんで舌をかむことはほとんどない。抑えつけて、けいれんを止めようとしない。力ずくで治まるけいれんなどない。
⑦ もし嘔吐があれば、すぐに顔を横向きにして、嘔吐物が気道に詰まることを避ける。
⑧ けいれんが5分以上治まらないときは、救急車を要請する。あるいは一度けいれんが治まって意識が回復しても、再びけいれんが起こった場合は救急車を要請する。この場合、一度目のけいれんが完全に治まっていないととらえる。
⑨ けいれんが治まったら、四肢や頭部に外傷がないかをチェック。瞳孔もチェック。対光反射がなかったり、瞳孔が拡大していたりする場合は、けいれんは持続していると判断する。嘔吐物が気道に詰まるのを避けるために左側臥位にして、自然に意識が回復するのを待つ。
⑩ てんかん発作でも、けいれんが5分以上続いた場合は、主治医や保護者と連絡をとる。意識がしっかり回復していても、その日のうちに受診して、抗てんかん薬の血中濃度を測定するなど、内服調整をしなくてはいけない。

てんかんの患者も「5分」を目安に

　学校では児童生徒の病歴が重要とされる。それを分かっていれば、発作がどの程度で治まるか、見通しが立てられるからだ。ただ、既往歴にてんかんがあっても安心はできない。中には、てんかんで10分以上けいれんが続く場合もある。では、どの程度で救急搬送すればいいのか？　日本の応急処置のガイドラインやマニュアル本では「10分以上続く場合」とされていることが多いが、米国では5分以上続く場合に救急搬送とされていることが多いのだ。時間の違いで結果がどうなるかは分かっていないが、日本に比べて広い米国では、救急車が到着するまでの時間を考慮しているのかもしれない。

　また、けいれんが5分で治まらないときは、10分たっても治まらないことが多いので、学校現場では米国を見習って「5分」と覚えておくといいだろう。実際に時間を計測してみると、5分って意外に長く感じるものだ。児童生徒が嘔吐したり、酸素が必要になる場合もあるので、病院搬送は原則救急車がよい。

熱性けいれんの法則は「6〜6」

「熱性けいれん」という病名はちまたでは有名である。既往歴にも「熱性けいれん」と書いてあるのを結構目にする。では、熱性けいれんってそもそも何？ 熱性けいれんとは、熱が出始めてから24時間以内に全身けいれんを起こすことを言う。急激に熱が上がったために、脳神経が対応できずに起こるらしい（本当の原因はまだ分かっていない……）。

熱性けいれんを起こす可能性のある年齢は「6〜6」で覚えるといい。これは生後6か月から6歳までに起こりやすいということ※。熱性けいれんが遺伝することはないが、家族内発生が多い（親兄弟に熱性けいれんの既往があると、家族に全く既往がない子どもに比べて、発症することが多い）。てんかんとは関係がない。6歳を超えると、熱が急に上がっても中枢神経系が柔軟に対応できるようになる。

だから、6か月未満もしくは6歳以上の子どもが熱のあるけいれんを起こしているのを見た場合には、「熱性けいれんだ」と簡単に片付けてはいけない。ほかに原因があってけいれんを起こしていると考えられるからだ。

熱があれば、まず考えてほしいのは「髄膜炎」「脳炎」といった疾患である。これらはすぐに病院に搬送すべきだ。特に「頭が痛い」なんて言うことができない6か月未満の乳児で、熱を伴うけいれんがあれば、たとえそれまで元気そうにしていたと

※生後6か月未満でも熱によるけいれんを起こす可能性はありますが、生後6か月までは母親からの免疫移行があるため、熱を出す頻度が少なく、けいれんを起こす頻度も低い。

しても、検査しなくてはいけない。

けいれんは病院搬送が基本

　けいれんが起きたら、5分以内のてんかん発作以外は、全てのケースで病院搬送する。一刻を争う緊急疾患が原因の場合もある。例えば若年性糖尿病で治療している場合、「低血糖発作」を考えなくてはいけない。また、子どもは、何度も嘔吐を繰り返す「ケトン性低血糖」にかかりやすく、糖尿病とは無縁でも血糖値が下がる。このような病気かどうかを確かめるのは保健室では無理である。だから、すぐにけいれんが治まっても必ず病院搬送すること。つまり「5分以上のけいれんなら救急車、5分以内でも病院搬送」ということだ。

　以上のような知識は覚えておいた方がいいが、先生方がけいれん対応としてすべきことは決まっている。先ほど挙げた①〜⑩だ。これらを行って、けいれんが治まるか治まらないかは神のみぞ知る。

　次章は、てんかんの児童生徒への対応や心因性非てんかん発作についてお話ししていこう。

参考文献
・「熱性けいれんの指導ガイドライン」(熱性けいれん懇話会ガイドライン改訂委員会, 1996.)
・Rantala H, Tarkka R, Uhari M.,A meta-analytic review of the preventive treatment of recurrences of febrile seizures. *Journal of Pediatrics.* 131(6) : 922-925.1997
・日本てんかん協会ホームページ.「発作に出会ったら」
http://www.jea-net.jp/tenkan/hossa.html

米国のファストフード店で起こったけいれん

　アメリカに留学中に、ファストフード店で食事していたら、後ろから大きな音が！　振り返ると、大柄な白人男性がハンバーガーを片手に持ったまま、椅子から落ちて全身けいれんが始まった。

　すぐさま店内の客数人が駆け寄った。私は駆けつけるのが遅れて、遠くから眺めていたが、客のとった行動がすごかった。

　一人が脈をみて、一人が自分の上着をけいれんしている男性の頭の下に敷き、そしてもう一人が救急車要請の電話。処置にあたっている客の中に医療関係者はいない。救急車が来るまでにけいれんは止まっていた。

　田舎町のファストフード店の客がこれほどまでに迅速に、勇気を持って対応しているのには、本当に驚いた。救急時に市民が善意で現場に駆け付けて、自分に何かできることは少しでもないかという精神が日本以上にあると感じた。

第2章 けいれん（後編）
てんかんについて知ろう！

てんかんの原因は？

　ここでは引き続き、けいれんのお話。ところでみなさん、けいれんとてんかんが、ごちゃごちゃになっていませんか？
「けいれん」は症状名で、「てんかん」は病名。だから「てんかんを起こしている子がいます」というのは間違いで、「けいれんしている子がいます」というのが正解。

　てんかんは200人に1人いるといわれる。その多くが3歳までに発症して、大人になるまでに自然に治っていく。養護教諭の世界では喘息（ぜんそく）と並ぶ慢性疾患の代表例ではないだろうか。
「てんかん」の症状は、必ずしもけいれんだけとは限らない。てんかんは大脳神経細胞の異常興奮によって、神経と神経を結ぶ電気信号が伝わらなくなり、四肢の動きや意識、感情をコントロールできなくなるという病気。

　それによって四肢のけいれん、意識消失、脱力、感覚障害、異常行動が起きる。異常興奮の起こる脳の部位によって症状が変わり、発作を繰り返す場合は同じ症状しか起こらない。例えば「四肢が強直するけいれん発作」を繰り返す場合、それが「立

ち上がって異常行動を起こす発作」に変わることはない。

　また、てんかんは２つに分けられる。１つは、脳出血や髄膜炎などで、脳の一部が損傷した後にてんかん発作を起こすもの。これを「症候性てんかん」という。小児ではこのタイプは少ない。もう１つは「特発性てんかん」。こちらは原因が分からない。医学の世界では原因が分からないものは何でも「特発性○○」と名をつける。生まれつきのてんかんといっても過言ではない。

　再生医療などをはじめ、医学がこんなに進歩しても、てんかんの原因はまだはっきり解明されていない。原因が分からないので、治療方法も確立されていない。なお、てんかんは遺伝しないと考えられている。

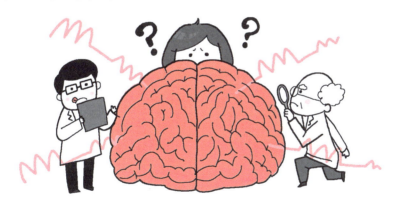

診断の仕方とその症状

　てんかんの診断として、血液検査、脳のＣＴ、ＭＲＩといった画像検査、脳波検査などが行われる。脳波以外の検査は、けいれんが起きるほかの疾患の除外や、てんかんに似た病気では

ないかどうかを判断するために施行される。

　脳波検査は、最初の発作で異常が出ない場合もある。反対に脳波に異常があっても、てんかん発作が起きていない場合は、「てんかん」という診断名はつかない。度重なる発作があって初めて、「てんかん」という診断が下る。検査結果が先ではなく、症状が先なのだ。以下にその症状を紹介しよう。

■強直間代発作(きょうちょくかんたい)

　一番多く目にする症状がこれ。突然、倒れて口を堅く閉じ、手足を硬く伸ばしたままの強直発作から、手足をガクガク曲げ伸ばす間代発作に移行する。発作時間はおおむね1分程度。

　発作後は、自然睡眠（終末睡眠）と呼ばれる状態に移行する（30分〜1時間くらい）。だから、発作後、すぐに意識が戻ることはなく、朦朧(もうろう)としている。倒れた際に頭部を打撲したり、骨折したりすることもあるので注意。

■脱力発作

　文字通り、急に全身の筋肉の緊張が低下・消失するために、崩れるように倒れてしまう発作。発作の持続時間は数秒以内と短く、発作と気づかれにくいこともある。

■欠伸発作(けっしん)

　数秒間にわたり、意識がなくなる発作。けいれんを起こしたり、倒れたりはしない。話をしたり、何かをしているときに、突然意識がなくなり、急に話が途切れたり、動作が止まったりして、「あれ？　この子、なんか変？」という気づきから、て

んかんであると分かることが多い。発見されるまでは「注意力がない」「集中できない」「ときどき眠たそう」としか思われていないことが多い。学童期や就学前に症状が現れることが多く、女児に多い。このタイプのてんかんは大人になるまでに自然に治ることが多い。

水泳、入浴は可能

てんかんのある児童生徒の遊泳は、かつては禁止とされてきた。原則として、これは今でも変わらない。だが水泳は、児童生徒の発育や全身の筋力強化にとって大切な種目である。理由なく全面禁止はちょっとかわいそうである。

学校側は、万が一何かあったら責任をとりたくないという一心で、主治医に許可書の提出を求めてくる。てんかん発作と水泳許可基準のガイドラインなどはないので、ほとんどの主治医は、1か月前から発作がなければ「監視付き水泳なら可能」という条件付きの許可書を書くであろう。

私は足がつくプールで、監視もいれば大丈夫だと考える。「水中でけいれんしたらどうしよう」と思うと怖いかもしれないが、水泳中にけいれんを起こすことは少ない。運動中も同じ。緊張しているので、てんかん発作を起こしにくいのだ。それよりもプールサイドでの休憩中や、水泳授業後の着替えなど、ほっとしたときに発作が起こりやすい（P.154も参照）。

これは家庭での話になるが、入浴に関して一番問題になるの

は、一人で入っているときの溺水だ。入浴中に発作が起こることはまれだが、洗髪刺激などで起こることもあるので、100％安全とは言い切れない。

　まず、準備として、浴室で倒れても頭を打たないようにマットを敷いておくこと。硬い金属部分が露出してある蛇口などは、クッションとなるものを巻いておく。家に人がいないときは、できるだけシャワーだけにする……などの対策をした方がいい。

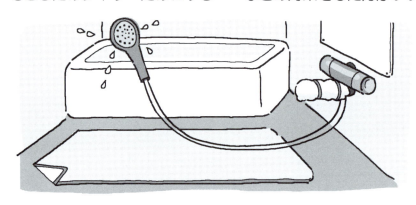

てんかんの薬について

　てんかんを根本的に治す薬は今のところない。てんかんの薬は全て、症状が出ないようにする対症療法なのだ。通常は、1種類の薬から始めて、量や種類を増減してゆく。一度薬を飲み始めたら、医師の指示があるまで、勝手に内服を中止することはできない。発作が出たときだけ服用するなどは、もってのほかである（解熱剤じゃないんだから！）。薬は飲む間隔がきちんと決められている。血中濃度をコントロールするものなので、

飲み忘れたからといって服用間隔を短くしてはいけない。血中濃度が急激に上がり、副作用が出る恐れがあるためだ。飲み忘れたときの対応は、主治医に聞くのがベストだ。

その他、日常生活の注意点

■予防接種について

　インフルエンザをはじめ、もろもろの予防接種は可能かどうかを聞かれることがある。予防接種後にてんかん発作が増すというデータはなく、最近ではてんかんのある児童生徒こそ、感染症によって高熱や脳炎を併発した際、発作が出やすくなるという懸念から、積極的に予防接種を勧めている。

　主治医の判断にもよるが、1か月前から発作が起きておらず、当日の全身状態がよければ、予防接種は可能であろう。

■緊急搬送しなくていい発作とは？

　てんかんを持つ児童生徒の発作がなかなか治まらず、受診したらいわゆる「ヒステリー」だったという経験をした人はいないだろうか？　通常のてんかん発作ではなく、意識もしっかりあるが、本人がけいれんのような動きをするので、てんかんの発作なのかどうか分からない……。

　このような例は、以前は「ヒステリー」「偽けいれん」などといわれてきたが、「偽」という言葉を使うと、「ウソなの？」「わざとやっているの？」などというマイナスのイメージが起こるので、現在は「心因性非てんかん発作」という。

実は、てんかん患者として病院へ紹介される人のうち、10～20％程度がこの病気である。結構多いのだ。診断は難しい。この場合、病院での検査では全く異常がない。けいれんを起こすほかの多くの病気の可能性を否定して初めて診断が下る。

　通常のてんかん発作の場合、意識はない。でも、この心因性の場合は意識がある。ただ、てんかん発作と症状がそっくりなので、周囲の人はなかなか見抜けない。救急隊も病院スタッフも見抜けず、発作止めの薬を使うが一向に治まらない……。では、どういうところを見ればいいのか？　以下の通りである。

① 必ず人前で発作を起こし、発作時間が長い。
② しゃべる、うなる、涙を流せる。
③ 倒れた際にどこもけがをしていない。
④ 閉眼していて目を開けようとしない。
⑤ 瞳孔を見ると対光反射がある。
⑥ ハンドドロップテスト（寝転んでいる患者の片手を頭の真上に持っていき、急に落とす）で、手が自分の顔に当たらない。
⑦ 頭を左右に振り、骨盤を動かしてけいれんのような動きをする。
⑧ まれに尿失禁をしても、さすがに便失禁までやってのける人はいない。

　なかなかけいれんが治まらない場合、救急搬送の準備に取りかかってもいいが、その前に落ち着いて、この①～⑧を見てみ

よう。児童生徒がけいれん中にうなずいたり、話すことができたりしたら100％「心因性」である。ただし、それが分かっても、決して怒ったり、周りにウソのけいれんだと言うのは避ける。児童生徒が落ち着くまで、しっかり手を握ってあげて、安心感を与えよう。

参考資料：
・静岡てんかん・神経医療センターホームページ
　http://www.shizuokamind.org/
　ホームページが充実。Q＆Aで丁寧に質問に答えている。

Q 発作が起きているときは、脳はどのような状態なのですか？ 酸欠なのでしょうか？

A けいれん中は正常に呼吸できないので、各臓器が酸素欠乏の状態に陥る危険性はあるが、けいれん＝脳が酸欠状態になっているわけではない。けいれんは、脳細胞の電気的異常興奮によって起きる。このきっかけになるのが、低酸素だったり、低血糖だったりするわけだ。

Q けいれん発作が長く続くと、どうしていけないのでしょうか？

A けいれんが続くと、脳の酸素消費量が増大する一方で、呼吸が抑制され、低酸素血症から脳障害、死亡に至る可能性もあるため。

Q 発作が起きるのを防ぐための注意点を教えてください。

A 発作を再発させないためには、まず一日の決められた量の薬を処方通りに服薬し、絶対に中断しないことが重要。そのほか、疲れ過ぎや寝不足にならないことや、なるべく風邪をひかないように気をつけ、日常の生活のリズムを守り、体調を崩さないことが大切。

Q てんかんの薬は女の子によくないと聞きましたが、薬の副作用について教えてください。

A 抗てんかん薬には、催奇形性があるものがある。だから、妊娠中または妊娠予定の女性にはよくない場合がある。

Q けいれんを起こす疾患には、てんかんのほかに何がありますか？

A たくさんある。思いつくだけでも低血糖、低酸素、低ナトリウム血症、不整脈、脳炎、髄膜炎などがある。

第3章 風邪
風邪を極める

意外に風邪の診断は難しい

「○○は風邪ひかない」という昔の言葉があるが、実際にはこの世の中で風邪をひいたことがない人は、まずいないだろう。6歳以上だと通常1年に1〜2回は風邪をひくといわれている。

風邪は医学用語で「感冒(かんぼう)」という。感冒の定義は上気道症状を伴うウイルス感染で、自然治癒する病気のこと。具体的には上気道症状とは喉の痛み、鼻水、咳(せき)、頭痛、倦怠感(けんたいかん)をさす。治ってから初めて「風邪をひいていたんだ」と分かるため、最初の症状だけではなんとも診断しづらい。だって「鼻水」だけならば、それが風邪なのかあるいは鼻炎なのか分からない。症状が

ある子どもが来たら「風邪ひいたみたいな感じかな？」と尋ねてみるといい。「風邪みたい」といえばおそらく風邪。うーん、イマイチ医学的説得力に欠けるなあ……。

すぐに受診させる場合は？

……ということで風邪の診断って結構難しいので、保健室でやることは、風邪かどうかの判断ではなくて、子どもを帰宅させるべきか、帰宅させないなら残りの授業を受けさせるべきか、それとも保健室で様子をみるか、という判断であろう。熱が出たからといって必ずしもそれは風邪ではない。最初は風邪のようだったが、実は水痘だったとか、麻疹（はしか）だったなんていうことは結構ある。

「風邪は万病のもと」という言葉は、風邪からいろんな病気に発展するという意味だが、実際、多くの病気が風邪とよく間違われるのだ。そもそも風邪は自然に治るものだから病院へ行く必要はないし、十分に休養して市販薬でも飲んでいれば数日で勝手によくなるものなのである。病院を受診してほしいのは風邪以外の病気を見落としたくない場合である。

以下の場合は、ほかの病気が隠れている可能性が高いので、保健室では自信を持って受診を勧めよう。
① 40度以上の高熱（インフルエンザや腎盂腎炎（じんうじんえん）などの可能性）
② 頭痛、胸痛、咽頭痛、腹痛、腰痛などが強い（今まで味わったことがないような痛みとか）

③ 激しい咳込み（肺炎や喘息発作の可能性もあり）
④ 全身症状がぐったりしている
⑤ 全身に発疹がみられる（伝染性ウイルス性疾患の可能性）

風邪予防対策の正しいアドバイス

　風邪予防には、迷信みたいなものと、根拠がしっかりあるものがある。その中でも、保健室でしっかり自信を持ってアドバイスできるものを以下に紹介する。

① うがい、手洗い、洗顔を徹底する

　日本はうがいの文化。なんと室町時代の文献から、うがいが励行されてきた。しかし、最近になってその効果が疑問視され始めている。うがいは口腔粘膜についたウイルスを洗い流す効果があるが、ウイルスは20分程度で細胞内に侵入してしまうので間に合わないのだ。またウイルスは口以外に鼻からも侵入する。それでもやらないよりはマシという程度に考えておこう。

　冬に電車やバスに乗ったとき、他人の行動をよく観察してみ

よう。咳をするときはマナーとしてほとんどの人は口に手を当てているはず。その手には風邪のウイルスがたっぷり付着していて、その手でつり革、手すりにつかまる。風邪患者の体から離れたウイルスは、最低20分は生きている。それどころか条件がよければ何時間も生存可能なのだ。風邪患者が触ったつり革、手すりに次の乗客が触れるとウイルスはその人の手に乗り移り、人は日常無意識に手を鼻や口の周りに持っていく癖があるので、かなりの確率でウイルスに感染してしまうのだ。

　同じ原理でドアノブ、エレベーターの行き先ボタン、タッチパネルなども風邪ウイルスの感染仲介役として疑われる。従って、時折手と顔をしっかり洗うことでウイルス排除効果がある。

② 使い捨てマスクを適時着用する

　マスクの効果は2つある。1つ目はウイルスが鼻または口から入ることを防ぐ。2つ目はマスクで鼻と口を覆うことで湿度を保ち、ウイルスが粘膜に吸着しにくくすることである。冬の外の空気の湿度は30％程度だが、自分の呼気の湿度は100％

近くある。呼気の水蒸気がマスク下にたまり、それを吸い込むことで湿度が上がるのだ。

　マスクの種類は、安価な使い捨てマスクがよい。値段の高いマスクだと、毎日捨てるのがもったいなくて使い続けてしまう。そうするとマスクの外側にくっついたウイルスを吸ってしまう可能性があり、衛生的にもお勧めできない。しっかりマスクをしているつもりでもマスクと顔の間から10〜20％は空気を吸ってしまっている。だからマスク自体にいい性能があっても効果はあまり変わらない。

　長時間着用しているのはつらいので、人が密集する授業や電車・バスの通勤などに限って使用することを勧めた方がよい。

③ 温度、湿度には十分気を配る

　寒いとなぜ風邪をひきやすくなるのか？　これは長時間冷気を吸い込むと鼻や喉の粘膜の血管が収縮して、粘膜面にある線毛の動きが悪くなり、ウイルスがすみ着きやすくなってしまうからだ。線毛は鼻から気管・気管支粘膜に高級絨毯のようにぎっ

しり生えていて、侵入してきた異物を波打つような動きをして外部に排泄（はいせつ）する働きをしている。適正湿度は60％程度とされている。

解熱剤は慎重に使おう

　風邪をひくと熱が出る。そのメカニズムは、風邪のウイルスが体に侵入して感染が起きた場所、例えば喉の粘膜などに、白血球の仲間のマクロファージという細胞が集合してウイルスを食べる。さらにインターロイキン1という化学物質を産生する。これは脳の発熱中枢に作用して体温を上げる。体温が上がると白血球や線毛の働きは活発になり、ウイルスを食べたり外部に排出したりする機能が順調に働く。

　一方で、発熱はウイルスの活動を鈍くする。従って、ウイルスなどの感染による炎症を早く鎮静化するには、ある程度の発熱は必要なのだ。そんなわけで風邪の熱は必要があって出ている。風邪の初期に慌てて解熱剤を服薬することは、風邪を長引

かせてしまうこともある。ただ、あまりに炎症反応が強くて、全身が消耗・衰弱するほどの場合は、過剰な炎症反応を抑える目的で適切な解熱剤の使用は問題ない。高熱でも元気そうな人は無理矢理、熱を下げることはない。高熱だと脳にダメージを受けるというイメージがあるが、そうではなく、その病気自体が脳にダメージを与えるのだ。

世界初のエビデンスに基づいた風邪治療薬

2011年に米国で衝撃的な研究結果が出た。テレビのCMなどでおなじみのヴイックスヴェポラッブ（成分：カンフル、メントール）を首周りまたは胸に塗って寝た方が、ワセリン（保湿材）よりも咳や鼻づまりといった症状が緩和され、睡眠の改善になったという研究成果が発表された。

これまで海外では風邪治療の効果の研究などはされてはいなかったが、今回NIH（米国立衛生研究所）の助成を受けて実施された。日本でもヴイックスヴェポラッブは薬局で売られている。

風邪のときの風呂は？

風呂に入ってはいけない科学的根拠はまったくない。衛生的にもいいし、さっぱりしてよく眠れるので、風邪のときほど積極的に入浴することをドイツなどでは勧めている。蒸気による加湿は喉にもいいし、体を温めて血行をよくすることで新陳代謝を上げる。人間の体は37度くらいが一番免疫力が高まると

いわれている。特に風邪の初期の入浴は効果的だ。

　ただし、嘔吐(おうと)や下痢がひどくて脱水状態であったり、高体温でフラフラだったりするときは、入浴で汗をかいて水分を失ったりしてしまう恐れがあるし、急な立ちくらみなどによって風呂場で転倒することもあるので、風呂は避けた方がいい。風邪のときは数分でサッと済ませてしまうのではなく、ゆっくり湯船につかって体を温めよう。そして入浴後はしっかり水分をとって、湯冷めしないうちに寝るのがコツ。

　以上がエビデンスに基づいた風邪にかかわる治療や予防の話。自信を持って子どもや保護者に伝えてほしい。

参考文献
- Fendrick AM, et al., The economic burden of non-influenza-related viral respiratory tract infection in the United States. *Archives of Internal Medicine* 163(4)：487-494, 2003.
- Heikkinen T, et al., The common cold. *The Lancet* 361(9351)：51-59, 2003.
- 日本呼吸器学会呼吸器感染症に関するガイドライン作成委員会 編：日本呼吸器学会「呼吸器感染症に関するガイドライン」成人気道感染症診療の基本的考え方．日本呼吸器学会，東京，2003.
- Arroll B, et al., Antibiotics for the common cold and acute purulent rhinitis. *The Cochrane Database of Systematic Reviews*, 2005.
- Pratter MR：Cough and the common cold：ACCP evidence-based clinical practice guidlines. *CHEST* 129：72S-74S, 2006.
- Paul IM et al. Vapor Rub, Petrolatum, and No Treatment for Children With Nocturnal Cough and Cold Symptoms. *Pediatric 126(6)：1092-1099, 2011*　ヴイックスヴェポラップは効果があったという論文
- 大正製薬HP　ヴイックスヴェポラップの正しい使用方法が載っている。http://www.taisho.co.jp/vaporub/

救急で一番気を使うこととは？

　週に２～３回救急病院に勤務していた。よく児童生徒と養護教諭または担任が訪れることがあった。通常自分が勤務するクリニックに来る子どもといえば、近隣の学校の子どもなので学校名を聞けばどんな学校なのかは想像がつく。調子が悪ければ明日来なさいということもできる。

　でも救急は全くどんな学校なのかわからないし、一期一会である。緊張感がある。そうしたときに一番気を使うのは薬の処方をどれにするかではなくて、どう説明するかということ。

　子どもに説明しても「？？？」といった顔をしているので、親代わりに来ている学校の先生に丁寧に分かりやすく説明することを心がけている。こうした気苦労も知らずに、「インフルエンザの検査を、絶対に今ここでしてください！！」なんて一方的に迫ってくる先生もたまにいる。まさにトホホである。

Q 風邪の後に咳が長引くことがありますが、心配ないでしょうか？ 咳について教えてください。
A 気道粘膜に喀痰(かくたん)がくっつき、それを排出するために咳が起こる。咳自体は反応なので悪いことではない。ただ、咳は時間とともに自然によくなることが多い中、3週間以上続いたり、悪化傾向があったりする場合は百日咳、結核、マイコプラズマなどの感染症の可能性もあるので、病院受診を促そう。

Q ウイルスごとの風邪症状の特徴はありますか？
A インフルエンザウイルスでは高熱、筋肉痛、頭痛などの症状が一気に現れる。風邪症状を引き起こすほかのウイルスによる症状はみな似ていて、症状だけでどのウイルスかということは特定できない。

Q 風邪薬にあるピリン系、非ピリン系とは何ですか？
A 市販の風邪解熱鎮痛剤は、ピリン系、非ピリン系に分けられる。ピラゾロン系の薬剤を「ピリン系」という。ピリン系は、かつてアレルギーによる発疹で騒がれたことがあるが、効き目は非常にシャープで、現在も使われている（過敏症やアレルギーのある人には使えない）。非ピリン系は、比較的安全性が高いといわれ、風邪の症状の改善などに広く用いられている。詳しく分類すると以下のようになる。

ピリン系

イソプロピルアンチピリン、スルピリン

非ピリン系

アスピリン、アセトアミノフェン、イブプロフェン、サリチルアミド、エテンザミド

Q 風邪の自然経過について教えてください。

A 発熱は普通、1〜3日で治まる。最初に出る症状は咽頭痛、頭痛、寒気、鼻水で、ひきはじめは水っぽい鼻水、やがて黄色や緑色のネバネバした鼻汁になる。そして、熱や鼻水の後に咳が出る。咳は徐々にひどくなるが、多くは数日で改善する。

第4章 発疹
湿疹と発疹の違いとは？

基本のスタンス

　さあ、次は発疹。「先生、朝から急に体にボツボツが出てきた……」という相談。「どれどれ？」とみると、赤い小さな発疹が体と顔に出ている。熱はない。元気はある。なんだろう？
　とネットで検索。麻疹、風疹、アトピー、薬疹（薬の副作用によるかゆみや発疹）、さらには乾燥肌と、多くの病名の羅列でよくわからない。「ああ、もう嫌。そうだ！　さっさと皮膚科を紹介しよう！」……っていう感じになっていませんか？　ここではそれを解消します。
　発疹というと皮膚科疾患を連想するが、そればかりではない。保健室でわかればそりゃかっこいいが、そんな高い目標に最初から取り組まなくてもよい。基本のスタンスを押さえればいい。

湿疹と発疹との違いは？

　これは医者でも時にごちゃ混ぜになる。発疹とは皮膚に現れるさまざまな症状の総称。その内訳は紅斑や水疱（すいほう）、膨疹、膿疹（のうしん）、など、さまざま。湿疹とは発疹に含まれるもので、赤くてかゆ

みのある発疹をいう。蕁麻疹(じんましん)とはアレルギーがもとになって、皮下に水分がたまって皮膚が盛り上がっている膨疹のこと。

　わかりやすく言えば、発疹が「麺類」で、湿疹がその一部である「ラーメン」といったところだろうか。だから病院などに連絡するときには「発疹が出ました」と言っておくと無難。蕁麻疹は「皮膚病」ではない。体内のアレルギー反応によって起こった皮膚変化なのだ。鼻水が出るように皮膚の下で水分が出てきているだけだ。ということは皮膚病ではないので、軟膏(なんこう)やクリームは全く効果がない。効くのはアレルギーを抑える飲み薬。病院に行かずに市販薬でも十分に効く。ということは緊急で受診させる必要はない。

　蕁麻疹が出ると親は「アレルギーの検査が必要かしら？」と思うが、実は蕁麻疹のほとんどが非アレルギー性。体調の変化や気温差、発汗などがきっかけになって、免疫反応が過剰になり膨疹になる。最近では病院でも特に疑う原因（アレルゲン）がなければ、採血でのアレルギー検査を勧めていない。

絶対ミスってはいけない！　紫斑との区別

　発疹と思ったら実は内出血だった。これは痛いミスである。青あざなどは誰が見ても紫斑（内出血）と分かる。だが小さな点状出血は、発疹と間違えやすい。どうすればいいのか？

●区別の方法

　透明な定規やスライドグラス（理科室から１枚借りてくるとよい）を用意しよう。発疹と思われる部位をスライドグラスの上から押してみる。圧迫して消えれば発疹。消えなければ紫斑（内出血）である。

　紫斑と分かれば伝染性がない。しかし急に血小板が減少する特発性血小板減少症や血管炎などが隠れている場合がある。内科あるいは小児科を、早いうちに紹介しよう。特に下肢に限定している場合、アレルギー性紫斑病という子どもに多くみられる血管炎の可能性が高い。その日に体育の授業などで体を動かすことは避けておく。

伝染するかしないかがカギ

　考えてほしいのが、発疹を見た際に伝染性のあるものかどうかということ。特に空気感染する病気である麻疹と水痘疑いの子どもは早めに隔離。

　空気感染は麻疹、水痘のほかに結核があることを忘れてはいけない。インフルエンザや風邪などは飛沫(ひまつ)感染。これは咳(せき)やくしゃみで飛ぶつばきに含まれるウイルスを吸い込むなどしたときに起きる。ウイルスが空気中に舞うことはない。だから２メートル以上離れていれば感染することは少ない。クラスに病気の子がいてもクラス全員に感染させる力はない。

　それに比べて空気感染は怖い。空気感染の場合は、つばきに含まれていたウイルスが空気中をさまよい、１メートル以上も移動する。だから感染する恐れのある範囲が拡大するのだ。ちなみに、世界中を恐怖に陥らせたエボラ出血熱は空気感染ではなく、接触感染である。

　さて話は戻って、発疹が出た際に重要なのは過去の予防接種歴と既往歴である。麻疹、風疹、流行性耳下腺炎は一度かかると再感染はない。ワクチンを打った場合もかかりにくくなる。これらの情報は入学前に入手しておきたい。

怖い麻疹（はしか）について

　麻疹の潜伏期間は10〜12日間。熱が出る３日前から発疹が

出現し、5日間は強力な伝染力がある。麻疹の初期発見が難しいのは風邪に似ているからだ。熱、頭痛、鼻水、咳といった症状から始まる初期の時期（この時期をカタル期という）の診断は、本当に難しい。ワクチンを全く受けていない子どもは、このカタル期から麻疹を念頭に入れよう。麻疹ワクチンは2006年以降2回接種が義務付けられた。1回の接種でも95％程度の免疫はつくが、残りの数パーセントは免疫がつかない。

麻疹の発疹（右写真）の特徴は大きさが大小不同。発疹同士がくっつく（融合傾向という）。そして皮膚が全て真っ赤になるのではなく、発疹と発疹の間に健常皮膚を残す。

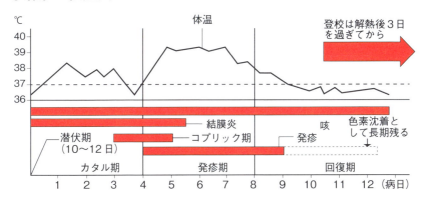

●麻疹の経過図

水痘(水ぼうそう)を間違いなく診断するコツ

　水痘は麻疹風疹と同じく終生免疫。一度かかれば二度と感染しない。ただワクチンを打っていてもかかることはある(もちろん、ワクチンを打っている方が軽く済む)。

　空気感染なので、流行するとクラス内ではあっという間に広がる。潜伏期は約2週間。誰から感染したのかを判断できない時期に発症する。微熱と、皮膚の虫刺されに似た湿疹から始まる。湿疹が2～3個しかできていない初期などは、虫刺され?と間違っても仕方ない。でも「皮膚を露出していない部位に虫刺されというのはおかしい」と思ってほしい。顔や背中などのように症状のある部位が離れていてかゆいという場合も怪しい。水痘では、肺炎や脳炎という重い合併症にかかる子もいるが、かなりまれなのであまり心配しなくてもいい。

　水痘と似ているのが、水いぼ(伝染性軟属腫)とヘルペス。ヘルペスは口の周りにできやすい。何度もかかるのが特徴。水

いぼは、体のどこにもできる。水いぼの水疱は光沢感があり、かいただけでは破れない。水痘は破れやすい。そして水いぼはだいぶ前から発疹があり、すぐに消えることはない。あまりかゆくないのも特徴。

　水痘は、いつまで休ませるかというと「発疹が全て乾いてかさぶたになるまで」というのが定義。水疱のままのときや、まだジュクジュクしているうちはダメ。親がよく観察すればわかるのでとりたてて病院に行く必要はないが、証明書を提出しなくてはいけない場合は病院受診が必要になる。通常は発疹出現から1週間もたてば、ほぼかさぶたになる。

　病院に行くと経口剤として抗ウイルス剤を5日分処方されることが多い。ウイルスが増殖することを防ぐので、できるだけ発症から早い時期に服用した方が効き目はある。発症して2日以上たってしまった場合はあまり効果がないので、全ての子どもに投与する必要性はない。また発疹が非常にかゆいので、かゆみ止めと皮膚を保護するクリームを処方する。できるだけかかせないこと。引っかいたりするとそこに皮膚感染を起こすことがあり、とびひに発展することもあるので、爪は短く切らせておこう。お風呂は、高熱がなくてぐったりしていなければ、入った方が皮膚についた汗なども流せて綺麗になるので勧めている。次のページに水痘の発症からの流れを図として記しておくので参考にしてほしい。

参考文献
　　国立感染症研究所　感染症情報センター
　　http://www.niid.go.jp/niid/ja/from-idsc.html

●水痘の発症からの流れ

麻疹を見分けるヒント

　発疹が出ないと診断は難しい麻疹だが、大きなヒントもある。これがコプリック斑。発疹の出る1日前から2～3日間、口の頬粘膜両側に小さな白い斑点が出る。一見食べかす？　と思うが、手でこすっても取れない。まさにこれがコプリック斑である。風邪のときに口の中を診る理由は、この斑点を探すためといっても過言ではない。ぜひ風邪に感染している子ども全員の口の中をのぞいてみてほしい。

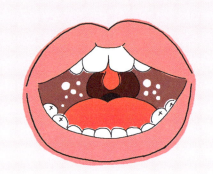

解熱剤

　風邪で高熱のとき、誰もが早く熱を下げたいと思う。「ハイ、熱冷ましの薬ね。これで大丈夫」と病院でもドンドン解熱剤を出す。しかし、発熱はウイルスが体内に入ってきて一生懸命自分の免疫が戦ってくれている副産物、反応である。だから解熱剤で無理に熱を下げない方が生体的にはよい。実際に高熱のときに解熱剤を使っても平熱になんか下がりゃしない。

　夜中に発汗して朝、気がつけば、熱が下がっていることが多いはず。iPS細胞が発見される世の中でも、風邪を治す薬の発見はない。風邪のときは自分の免疫でウイルスをやっつけるのを気長に待つしかないのだ。医者の役目も治療ではなく、「風邪のように見えるほかの病気」を見逃さないこと。

　かといってもこんな正論を患者の前で講釈しても患者に伝わるはずはなし。咳、鼻水、咽頭痛、吐き気……といった症状全ての薬を出したらあっという間に6種類になっちゃった。「先生、いくらなんでも量が多過ぎます……」だってさ。さじ加減が難しい。

Q 水痘に感染力があるのは、いつからいつまででしょうか？

A 強い感染力があるのは、発疹が出る1日前から、水疱がかさぶたになるまでの約7日～10日間とされている。

Q 麻疹が集団発生した場合の、終息宣言の目安はいつでしょうか？

A 麻疹の潜伏期間は、10～12日程度。通常、この2倍程度の観察が必要とされている。園内、校内の新規麻疹患者の発生が、迅速かつ確実に把握されていることを条件として、最後の麻疹患者と、園児・児童・生徒・職員との最終接触日から4週間新たな患者発生がなければ、終息宣言を考慮し、園医、校医、嘱託医、保健所などの専門家と相談の上、終息宣言の時期を決定する。

Q 感染する発疹と、しない発疹の見分け方があれば教えてください。

A 明らかに膨疹（皮膚が赤く盛り上がること）の場合は、蕁麻疹の可能性が高いので感染はしない。それ以外の発疹は、ウイルス性ではないと臨床だけで確定することは大変難しい。

第5章 蕁麻疹(じんましん)

あーかゆいよ！ どうする？ 蕁麻疹対応

蕁麻疹とは何ぞや？

　蕁麻疹は20％の人が経験するというありふれた病気。みなさんもあのかゆい思いをしたことがあるのではないだろうか？ この章は身近な蕁麻疹だけれど、保健室でどう対応していいのか？ 保健指導はどうする？ といったことをテーマにお話ししていこう。

　蕁麻疹は、皮膚の一部に、蚊にさされたくらいの赤い膨らみができてかゆくなるが、数十分から数時間で消えるのが普通。この膨らみは蕁麻疹の特徴で「膨疹」という。

　蕁麻疹は皮膚の病気だと思っている人が多い。「蕁麻疹が出

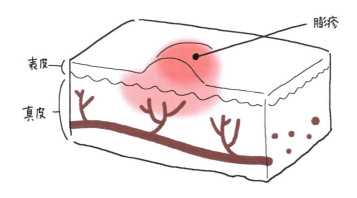

たら小児科や内科ではなく皮膚科に行くのでは？」と。しかし、蕁麻疹は実は発疹ではない。皮膚の下の血管の周りにはアレルギーに関係する「肥満細胞」といわれる細胞が存在している。肥満細胞は、蕁麻疹の原因になる刺激を受けると周囲に化学物質を放出する。

　このときに、放出された化学物質の一つであるヒスタミンが血管に作用すると、血管は拡張し、液体成分（血漿(けっしょう)）が外に漏れ出て皮膚を盛り上げ、膨疹ができるのだ。ヒスタミンは神経を刺激し、その結果かゆみが起こり、蚊に刺されたように皮膚が盛り上がって見える。それが赤い発疹のように見えるのだが、蕁麻疹は皮下に水がたまっているだけなので普通は数時間で消える。その反面、発疹は数時間で消えることはまずありえない。

　蕁麻疹の特徴は地図状の膨疹。小さな斑点みたいなものではなく、地図のように不整で盛り上がった皮疹になる。周囲との境界もはっきりしている。蕁麻疹も性状や原因に応じていろんなタイプがある（P.48表1参照）。

また、現場で長く観察していないで、早く緊急搬送した方がいい危険な蕁麻疹もある。代表例はアナフィラキシー。アナフィラキシーも一種の蕁麻疹で、皮膚症状とその他の症状があわさった場合をさす。粘膜が腫れるので喉頭閉塞などの致死的な状態に陥る。現場で皮膚のかゆみのほか、咳、喉の締めつけ感、腹痛などの症状があれば緊急搬送である。蕁麻疹の出る皮膚の部位よりも、粘膜が腫れていないかということが重要である。

原因ははっきりしない

　蕁麻疹＝何かのアレルギーだ、と認識する親は多い。「給食がいけなかったのか？」あるいは「課外学習で草花に触らせたのがいけなかったのか？」と、管理責任を勝手に追求してくる親はいないだろうか？

　しかし、蕁麻疹の原因を特定するのは非常に難しいのだ。どんなに医学が進歩していても、小児蕁麻疹の80％近くは原因がまだ分からない。発症から１か月以内を急性蕁麻疹といい、１か月以上継続するものを慢性蕁麻疹という。多くの蕁麻疹は、ストレス、寝不足、疲労、風邪、胃腸炎、その他の感染症などを背景に生じ、アレルギーとは無関係。急性蕁麻疹の原因で一番多いのは上気道感染によるもの。つまり風邪である。風邪の原因とされるウイルスの感染に対する、体の過剰反応が原因と考えられている。風邪が治れば蕁麻疹も出なくなる。

　家庭で「バファリン」などの内服薬を飲んでまぶたや唇が腫

れる児童生徒がいれば、その場合は受診させたほうがいい。家で腫れが引くまで観察することもできるが、アナフィラキシーに発展する恐れもあるし、何より病院に行けば薬剤アレルギーであるかどうかの検査を行い、シロクロをはっきりさせることができるからだ。

●表１　タイプ別蕁麻疹

急性蕁麻疹	毎日のように繰り返し症状が現れる蕁麻疹のうち、発症して１か月以内のもの。細菌、ウイルス感染などが原因となっていることが多い。
慢性蕁麻疹	毎日のように繰り返し症状が現れる蕁麻疹のうち、発症して１か月以上経過したもの。原因が特定できないことが多い。
物理的蕁麻疹	機械的擦過や、圧迫、寒冷、温熱、日光、振動などといった、物理的刺激により起こる。
コリン性蕁麻疹	入浴や運動などで汗をかくと現れる蕁麻疹。一つひとつの膨疹の大きさが、１～４㎜程度と小さい。小児から、若い成人に多い。
アレルギー性蕁麻疹	食べ物や薬剤、昆虫などに含まれる特定物質（アレルゲン）に反応して起こるもの。アレルゲンに結合するIgEが関与している。
イントレランス	アスピリンなどの非ステロイド系消炎鎮痛剤、色素、造影剤、食品中のサリチル酸などにより起こる蕁麻疹で、IgEは関与していない。
血管性浮腫	唇やまぶたなどが突然腫れ上がり、２～３日かかって、腫れが消える。かゆみを伴わないもので、まれに遺伝性の場合がある。

●表2　蕁麻疹の原因・誘因

蕁麻疹の原因・誘因
●食物
魚介類（サバ、サンマ、マグロ、エビ、カニなど） 肉類（豚肉、牛肉、鶏肉など） 卵、乳製品（鶏卵、牛乳、チーズなど） 穀類・野菜（大豆、小麦、ソバなど） 食品添加物（人工色素、防腐剤、パラベンなど）
●薬剤
抗生物質、解熱鎮痛薬、咳止めなど
●植物・昆虫
イラクサ、ゴム、ハチなど（触れたり刺されたりして起きる）
●感染症
寄生虫、真菌（カビ）、細菌、ウイルス
●物理的刺激
機械的擦過、圧迫、寒冷、日光、温熱、振動
●運動・発汗
内臓・全身性疾患（血液疾患、膠原病（こうげんびょう）、血清病など） 疲労・ストレス（身体的なもの、精神的なもの）

アレルギー検査は必須？

「原因が血液検査で分かると聞いたからやってほしい」という患者が後を絶たない。原因をなんとか突き止めなくては気がすまない気持ちは分かる。しかし、既に述べたとおり蕁麻疹のほとんどは原因が分からない。一般的な蕁麻疹において、アレルギー検査（Ⅰ型アレルギーを調べる検査）で原因が特定できるのは1％程度といわれている。

つまり、99%の患者は、検査をしても「アレルギーは見つからなかった」「アレルギー性の蕁麻疹ではないようだ」という確認のみに終わるのだ。

　またアレルギー検査は、血液検査の中でも費用の高い検査である。数百項目の検査項目があるが、一度の検査で保険診療内で調べられるのは13項目だけ。それだけでも4,000円以上の費用（3割負担の場合）が発生する。また偽陽性といって、検査では数値が高いものの、実際の蕁麻疹の症状とは因果関係がないケースもしばしばみられる（例：大豆が陽性なのに、豆腐を食べても症状が生じないとか）。医療経済の面からも、必要性の乏しいアレルギー検査は避けた方がよい。それでもアレルギー検査を行うべきケースはある。普段は症状がないものの、特定の食材や物質を摂取したときに限って、繰り返し蕁麻疹が生じるような場合は、アレルギー検査を行うべきだと思う。また、普段から繰り返し蕁麻疹が生じている場合でも、特定の食材を摂取したときに特に症状が重くなる場合も、検査を検討すべきであろう。

蕁麻疹だと思ったら食中毒だった

　魚を食べたらかゆくなって蕁麻疹が出てきた。「前に食べたときは全く問題なかったのに、なぜ今回だけ蕁麻疹が出るのだろう。ひょっとして急に魚アレルギーになってしまった？　あーどうしよう！　もう一生大好きなマグロが食べられない」

なんていう妄想チックになってしまっていないですか？

　これは赤身魚で起きる「食中毒」なのだ。アレルギーではない。赤身魚は筋肉中にアミノ酸の一種であるヒスチジンを多く含んでいる。魚を室温で放置していると、ヒスチジンをヒスタミンに変える酵素を持っている細菌（ヒスタミン生成菌）が増殖し、それに伴いヒスタミンも増える。赤身でなくてもブリ、サバ、サンマなどにもヒスチジンは多く含まれている。

　最近の研究から低温増殖性ヒスタミン産生菌は、5〜10℃条件下でもヒスタミンを生成することが明らかになっている。ヒスタミンは腐敗により産生されるアンモニアなどと違い、外観の変化や悪臭を伴わないため、食品を食べる前に汚染を感知することは非常に困難。また厄介なことに一度産生されたヒスタミンは、加熱によっても分解されない。

　鮮度は重要なリスクファクターとされる。実験データによると30℃で保存した場合、24時間後のヒスタミン濃度は、生魚が約3,500mg/kg、一夜干しは約500mg/kgで、食中毒発症例のある約500mg/kgを上回る。20℃保存では生魚、一夜干しともに48時間後に30℃保存と同様の高濃度になる。夏場は当然であるが、冬場も、常温保存は避けた方がいい。

　通常食後30分から1時間後に、顔面紅潮（特に口のまわりや耳たぶが紅潮）、蕁麻疹、頭痛、発熱などを呈する。おおむね6時間から10時間で回復する。ヒスタミンを多く含んでいる魚を食べると舌がピリピリとしびれるようになるときがある。

そのような症状を感じたときは、食べるのをすぐにやめさせよう。症状が現れたときの対応方法は、胃の内容物をできれば吐かせよう。

保健室でのアドバイス

蕁麻疹を訴える子どもが保健室に来たら、まずアナフィラキシーになっていないかをチェック※。それがなければ問診に入る。蕁麻疹の出現前1時間以内での食べ物の摂取や寒冷温熱刺激がないか、汗をかいたか、といった外的刺激の有無を聞く（アレルギー性蕁麻疹、寒冷蕁麻疹、温熱蕁麻疹、コリン性蕁麻疹などの可能性をチェック）。その後で感冒症状などがないかを聞いていこう。

●保健室にはかゆみ止めなどはない。どうする？

蕁麻疹の初期対応で一番大切なのはかかないこと。かけばそれによって皮膚が刺激を受けて膨疹は増すし、爪によって皮膚が傷つく。子どもにかくなといっても聞いてくれないので、対処法として爪を短く切ろう。

温熱蕁麻疹、寒冷蕁麻疹が疑われるときの応急処置としては、簡単だが刺激と逆のことをする。体が温まって蕁麻疹が出れば（温熱蕁麻疹）冷たいぬれタオルで拭いたり、寒い環境で発症した場合は（寒冷蕁麻疹）、毛布あるいは上着を着せたりして温めるのがいい。

蕁麻疹が出た当日の入浴は避けよう。汗をかく体育や部活も

※既刊『すぐに使えてよくわかる養護教諭のフィジカルアセスメント』（少年写真新聞社刊、2015）11章「アナフィラキシー」参照。

　避けたほうがいい。入浴や運動によって、血管透過性が亢進してなかなか治らない場合もあるからだ。蕁麻疹の治療には抗アレルギー剤と呼ばれる飲み薬を使用するのが一般的。ちょうどよい効き目の薬をうまく選択すると、服用を開始して数日で症状は消失するが、患者の中には、症状が消失するとすぐ服用を中止してしまう人が多い。そのまま治癒して問題が生じないこともあるが、服用を中止して数日するとまた蕁麻疹が生じてしまうことがよく起きる。内服薬は表面的な蕁麻疹の症状には即効性があるが、蕁麻疹が生じやすくなってしまった体の状態を正常に戻すには時間がかかるのだ。

　蕁麻疹の表面的な症状が消失しても、予防的に１〜２か月程度服薬を続けた方がよい。蕁麻疹は、その症状が現れているとますます重症化、慢性化する一方、投薬によって持続的に症状を抑え続けることで、その勢いを徐々に抑えることができる。ちなみに蕁麻疹に塗り薬はほとんど効果がないことは、頭に入れておいた方がいいだろう。

参考文献、サイト
　日本皮膚科学会　蕁麻疹診療ガイドライン
　　https://www.dermatol.or.jp/uploads/uploads/files/guideline/1372913324_1.pdf

病院に連れていくべき？

　ある日の午後の外来。小学校4年生の女子がお母さんに連れられてきた。学校で給食を食べた後で急に腹痛。保健室に駆け込み、1時間経過観察していたら改善してきた。でもあまりにも激しい痛みだったので学校からお母さんの元に連絡が入った。診察室ではケロっとして腹痛はどこに？　という顔をしている。診察しても特に異常に思える所見はなかった。お母さんは少し困惑気味。
「病院に連れてこなくてもよかったのでしょうか？」これは養護教諭の悩みにも共通しているとも思われる。

　患者を入院させ、ベッドで点滴しながらずっと経過を追う形で"線"として見ることができる病院やクリニックとは違い、検査も治療もできない家や保健室では、症状をそのとき、その瞬間だけ"点"として見て判断しなくてはいけないことが多い。また、"激痛で初めての痛み"なんていうと慌てるのは医者も同じこと。

　お母さんに「自分がこの子の親で家にいたら、同じように病院へ連れていったと思うよ」と伝えると、お母さんの表情からやっと笑みがこぼれた。

Q 薬疹と、食物アレルギーの蕁麻疹の違いや、出る場所について教えてください。

A 食物アレルギーの蕁麻疹は、全身性に出現する。一方、薬疹は全身蕁麻疹や紅斑のタイプもあれば、固定薬疹といって円形発疹が体に数個だけできるタイプもあり、多種多様。

Q 非アレルギー性の蕁麻疹でも、命に関わる場合がありますか？

A 非アレルギー性蕁麻疹には、以下のものがある。

■ **物理的刺激**

摩擦（下着による摩擦など）、圧迫（買い物かごやバッグの持ち手による圧迫など）、熱さ、寒さ、振動（マッサージ器による振動など）、日光など。

■ **入浴や運動による発汗など**

血液疾患、膠原病などがある人、心身のストレスの強い人では、運動や発汗が刺激となって、蕁麻疹になることがある。アレルギー性の場合に比べて非アレルギー性蕁麻疹が原因で致命的になることはまれ。

Q 蕁麻疹に併発する血管性浮腫の原因は何ですか？　どう対応したらよいですか？

A 大きく分けると遺伝性と後天性（非遺伝性）があり、遺伝性のものは非常にまれで、蕁麻疹を伴うのは以下のような後天

性の場合になる。

・特発性血管性浮腫…原因がはっきりしない。血管性浮腫の半数を占める。感染症や精神的ストレス、月経などが誘因となって起こりやすくなることもある。
・アレルギー性血管性浮腫…乳製品、卵、小麦などの特定の食物、解熱鎮痛剤に含まれる非ステロイド性抗炎症薬（NSAIDs：Non-Steroidal Anti-Inflammatory Drugs）などの薬物へのアレルギー反応によって起こる。
・物理的刺激による血管性浮腫…温熱、寒冷、日光、外傷、機械的（人工的）な刺激などによって起こる。

Q 蕁麻疹の受診のタイミングはいつですか？

A 全身に広がり、かゆみがひどい場合や、蕁麻疹以外の症状がある場合（アナフィラキシー疑い）は受診しよう。

第6章 過呼吸
過呼吸に隠されたわなを見抜け

「攻め方」を復習しよう

「先生、○○さんが急に苦しいといって呼吸が荒くなっています！」と生徒が保健室に駆け込んでくる。養護教諭であれば必ずといっていいほど経験があるはず。

救急病院でも、幅広い年齢の過呼吸患者が運ばれてくる。過呼吸の場合、その多くは何らかのストレスに反応する心身反応であることが多い。

養護教諭としての経験が増せば増すほど、精神面から来る過呼吸の生徒を目のあたりにして、処置や観察が逆にいいかげんになっているということはありませんか？　そこで今一度、過呼吸の「攻め方」を学んでいこう。

最初の重要ポイントとしては、過呼吸を起こした原因が体の何らかの異常であることを見逃さないこと。以前、若い女性が腹痛と呼吸が苦しいということで、ある診療所に来院したときの話。診療にあたった医師が「急性胃炎とその痛みに伴う過換気」と診断し、患者を帰宅させた。不幸なことにその晩、女性は死亡。死因はなんと、子宮外妊娠による腹腔内出血であった。

訴訟になり、医師が全面的に医療ミスを認めた。

　どうです？　結構「過呼吸」って怖いでしょ？　これ以外でも過呼吸だけで来院して簡単な処置で病院から帰らされ、結局心筋梗塞だったとか、くも膜下出血だったとか、枚挙にいとまがない。

　ところで2014年冬に大雪が降り、羽田空港で長時間機内に閉じ込められた修学旅行中の高校生30名が過呼吸になり、病院搬送になったというニュースがあったのは知らないだろうか？　同時に30人が一斉に過呼吸になるとも考えづらい。おそらく一人が過呼吸発作を起こし、周囲で見ていた人にも波及したのであろう。はっきりとしたエビデンスはないが、過呼吸は伝染すると考えたほうがいい。

なぜ紙袋はダメなのか？

　過呼吸のメカニズムを見ていこう。過呼吸では激しい呼吸を繰り返すうちに血液中の酸素濃度が増加し、二酸化炭素濃度が

低下する。二酸化炭素濃度の低下により頭痛、しびれ、めまい、筋肉の硬直などが現れる。この二酸化炭素の不足を解消するのに脳は「呼吸そのものを止める命令」を出し、二酸化炭素の放出を抑えようとする。そのことで過呼吸後にしばらく息が止まってしまうこともある。

　二酸化炭素低下を解消するなら、紙袋を使用しての二酸化炭素の多い空気を吸う呼吸は、正しいように感じる？　でも、これは大きな誤解ということが分かってきた。実は人が呼吸をしている中で、血液中の二酸化炭素濃度がある一定の量以上に増えたときもとても苦しいと感じる。息苦しさを感じるのは、"血中酸素濃度の低下"よりも"血中二酸化炭素濃度の増加"の方が要因として大きい。そこで過呼吸の時に紙袋を与えると危険なのだ。

　なぜかというと紙袋内の酸素の少ない空気を吸っている間に血液中の酸素は減るが、過呼吸の状態では血液中の二酸化炭素が少ないので、苦しいと感じるまでの時間が延びてしまうのだ。

過呼吸で血液中の二酸化炭素が減っている状態で紙袋を使えば、二酸化炭素が増えてくる前に血中酸素濃度が下がってしまう。二酸化炭素増加による息苦しさを感じる前に酸欠になり、最悪の場合、窒息死してしまう。まさに紙袋療法は厳禁なのである。2012年に某テレビ番組が紙袋の危険性を取り上げてから国民の間でも少しは理解が増したようである。いずれにせよ、本来酸素や二酸化炭素の血中量をコントロールするのは、病院できちんと測定しながらでないと無理なのだ。

精神的なものだけとは限らない！

　過呼吸になる背景としては、圧倒的に心身のストレスが原因になっていることが多いのだが、ほかの隠れた病気が原因になっていないかを探る必要がある。子どもの既往歴がいい情報源になるだろう。心臓病、喘息（ぜんそく）、気胸、精神疾患、肺疾患、糖尿病などがないかを調べよう。呼吸が急に苦しくなることから、心肺に異常がないかも見てみよう。

　ここで、酸素飽和度測定器（パルスオキシメーター）がどうしても必要になる。これは指先の毛細血管にセンサーを当てて血液中の酸素濃度を測定する機械で、非常に便利。ポケットにも入る大きさで市販されており、安いものだと1万円を切っている。

　まず、過呼吸の子どもがいれば、酸素飽和度測定器を使って酸素飽和度を測り、聴診器で肺音と心音を聞こう。喘鳴は喘息

で聞こえるのが有名だが、それ以外に、心不全でも聞こえる場合がある。胸痛があり、深呼吸で更に痛みを増すのであれば気胸を疑おう。心音に関しては不整脈がないか？　心拍数が異常に少なくないか？　多くなっていないか？　などに注意をしよう。糖尿病の既往があれば、低血糖あるいは高血糖で過換気になる。くも膜下出血や尿管結石などの痛みでも過呼吸になることがあるので、痛みについてもしっかり聞こう。こうした病気の可能性が少しでもあれば、病院搬送の適応になる。

応急処置として何ができるか？

　まず初めに基本に戻って、バイタルサインをチェックしよう。体温、酸素飽和度、顔色、痛みなどをチェックしていく。呼吸苦だけでほかに異常がなければ、すぐに救急車を呼ぶ必要はない。
　しかし、子どもがどこかに強い痛みを訴える場合は要注意。強い痛み→ストレスが体にかかる→過呼吸というパターンって結構多いのだ。痛みの３大原則に返って、
①突然の痛み
②今まで味わったことがない痛み
③持続していてだんだん強くなってくる痛み
　の３つのうち、１つでも当てはまるときは緊急搬送を考慮。
　こうした異常がない状態での過呼吸であれば保健室での観察に入ってゆく。できるだけゆっくり静かにし、周りに野次馬な

どがいない落ち着いたところに移動させる。意識を外界に向けさせるため、目を閉じるのではなく、しっかり目を開けさせ、天井や壁を見させる。そばにいる先生が慌ててはいけない。「絶対に落ち着いてくるから大丈夫」という声かけを続けよう。

　呼吸が精神的な緊張からくる過呼吸であれば、長くても1時間で落ち着いてくる。子どもへのサポートは息をゆっくり5秒程度かけて吐くことに集中させよう。吸った後に数秒呼吸を止めることも血中の二酸化炭素を増やすのに効果がある。そのほかいろいろ質問して子どもに話をさせる。人は話している時は呼吸していない。話してくれれば、その間は呼吸をしていないため、二酸化炭素濃度が上がりやすくなるからだ。つまり話せば話すほど過呼吸発作は早く改善する。

　どのくらいまで経過観察するか？　ここでお勧めするのは1時間。1時間経ってよくならなければ病院受診が望ましい。

過換気後に呼吸が止まってしまった！

　過換気終了後に突然呼吸をしなくなることがまれにある。Post-Hyperventilation Apnea：PHVA（過呼吸に続く無呼吸）という。まだその機序ははっきりとは解明されていないが、急な血中二酸化炭素濃度の低下に対し、生理的な反応として「それ以上二酸化炭素を下げるな！」と脳が指令を出して、無呼吸を引き起こしているからではないかと考えられている。

　呼吸が止まった場合は、酸素飽和度測定器をつける。多くは一過性で呼吸を再開するが、それまでに酸素飽和度が90％以下に下がり、呼吸が再開しない場合は、緊急搬送になる。無呼吸は5分以内には治まり通常呼吸になるのが普通なので、保健室で5分たっても呼吸回数が1分間に8回以下だったり、酸素飽和度が94％以下になったりする場合は、病院へ連絡をとったほうがいい。

参考文献
- Callahan M,Hypoxic hazards of traditional paper bag rebreathing in hyperventilating patients. *Annals of Emergency Medicine* 18(6)：622-628, 1989
  紙袋による再呼吸療法は非常に危険ということが発表された論文。今から25年も前に分かっていた。でもつい最近まで紙袋を使っていたから怖い。
- DeGuire S, et al., Breathing retraining: a three-year follow-up study of treatment for hyperventilation syndrome and associated functional cardiac symptoms. *Biofeedback and Self Regulation*. 21（2）：191-8, 1996
  腹式呼吸の有用性を確認した論文

海を渡った国での養護教諭は？

　米国での養護教諭を紹介しよう。アメリカでは養護教諭の呼び名を「スクールナース」という。全員看護師免許を持っている。服装も病院で働いているようなスクラブ（手術着）が多く、首から聴診器をかけており、まさに「看護師」といったいでたち。日本の養護教諭との違いは、処置や診察にかける時間が多いということ。その反面、職員会議や書類作成といった事務的な職務負担は少ないらしい。

　スクールナースのすごいところは脊椎側彎（そくわん）のスクリーニング検査も自分たちで行ってしまうこと。学校医というのは正式には存在しないことが多い。心臓検診などは全児童生徒に行うのではなく、運動部などに入っている児童生徒にフォーカスを置いて、地元の開業医の協力の下で検診を行う。私も米国留学中に高校生のアメリカンフットボール部の検診をしたが、驚いた。だって鼠径（そけい）ヘルニアがないかを調べるために全員パンツを下ろして生徒を一人ひとり自分の前に立たせるから。見るべきところも違うのだなあ。

Q 何度も過呼吸発作を起こす生徒がいます。受診させた方がよいでしょうか？ その場合、受診させる科は何科ですか？

A かかりつけ医があれば、何科でもそこで結構。一般的には内科小児科を先に受診させて、必要があればそこから専門医を紹介してもらおう。

Q また何回くらい発作を起こしたら受診させたらよいでしょうか？

A 過呼吸は１回でも起こしたら、受診させた方がいい。一つは、原因が何かということを病院で検査するため。ストレスからくるものだと決めつけずに、心臓や甲状腺に異常がないかを調べることも大切。発作を起こさないようにする、または発作が起きた場合の薬などもあるので、１回でも過呼吸を起こしたら受診させるようにしよう。

Q 喘息発作と、過呼吸発作の見分け方について教えてください。

A 喘息発作では、聴診で喘鳴が聞こえる場合が多い。心因性の過呼吸だけでは聴診所見は正常である。

Q パルスオキシメーターがない場合は、どうしたらよいでしょうか？

A 過去の既往歴を参考にしよう。心臓疾患、気胸、喘息の既往がある場合は病院受診が妥当だ。

第7章 鼻血
誰でも簡単にできる正しい鼻血の対応

よくあることだけに対応の仕方が問われる

「きゃあ、鼻血！」と教室から大きな悲鳴。鼻血は学校現場では日常茶飯事で珍しくないことだろう。でも鼻血処置って何だか自信が持てない。血を見るのが好きな人間はいないだろうし。

鼻血以外でいきなり体から出血することはほとんどない。いきなり鼻から血がポタポタ垂れてきて、あっという間に口の周りにも血がついている光景を見たら、誰でもあせる。擦過傷などの出血はすぐに止まるが、鼻血は何もしないとドンドン出てくる。どうしよう！　でも幸いなことに鼻血が止まらなくて大事にいたったというケースは、小児において非常に少ない。

なぜ子どもはしょっちゅう鼻血が出るのか？　子どもの鼻血の2大原因は、鼻をほじることと、鼻粘膜が乾燥すること。大人の場合はもっと複雑で、ちまたでよくいう「血液をサラサラにする薬」、いわゆる抗血小板薬や抗凝固薬を飲んでいたり、鼻腔に腫瘍があったり、血液の病気が隠れていたりすることが原因になるケースもある。

大人の鼻血はすぐ止まったからいいというものではなく、必

ず原因を突き止めなくてはいけない。一方子どもは特別な所見がない限りは、そういった原因追究は必要としない。特別な所見については後で説明していこう。

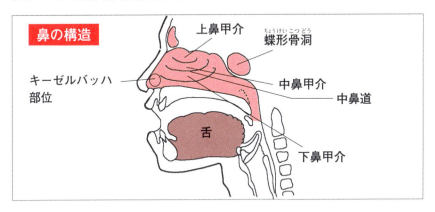

出血する部位

　鼻出血の8割以上は鼻中隔（鼻の真ん中にあるしきり）の前方にあるキーゼルバッハ部位と呼ばれる場所から出血する。一般に鼻腔内は血管の分布が密だが、特にキーゼルバッハ部位は血管網、血管吻合（毛細血管が動脈静脈で交通している）が著しい。また、この部位は外界に近く、いろいろな刺激を受けやすいために鼻出血しやすいのだ。小児の場合、ほとんどがこの場所からの出血とみていい。なお動脈性出血と静脈性出血は半々といわれている。動脈性であっても表面の毛細血管性出血なので圧迫止血で対応できる。

　もっと怖いのが、鼻の奥からの出血だ。キーゼルバッハ部位以外では下鼻甲介後端、中鼻道などの鼻腔中部〜後部からの出

血がみられる。これらの部位での出血は動脈性出血が多く、血管が太い、出血点を確認しにくいなどの理由で出血量が多くなりがちで、治療に難渋する。

また、指などの圧迫止血が不可能な位置からの出血なので、止血は簡単にできず、どんどん咽頭に血液が流れ込んでくる。成人では約２、３割がこの鼻腔中部〜後部からの出血となっている。

身体的所見も大切にしよう

鼻血の処置をしながら、子どもの全体像をつかもう。顔色が青白くないか、熱がないか？ 痛みは？ 最近鼻血はよく出るのか？ ほかに歯茎から血が出たり、紫斑（青あざ）などが体にあったりしないか？ これは血液疾患、特に白血病や血小板減少症などで急激に血小板が減少すると、体のあちこちで出血しやすくなる症状が出てくるからだ。

そして咽頭をのぞこう。さすがに鼻出血中に鼻をのぞいても

どこに出血点があるかどうか分からない。でも鼻を押さえながらでも口は開けられる。舌圧子があれば舌を軽く押さえて咽頭後壁（喉の奥の壁）を見る。後方出血の場合は血が咽頭の方に鼻から垂れ込む。口を開けさせて喉を観察すると、咽頭後壁を背にして上から下にどんどん血液が垂れてくるのが分かる。まさに滝を見ているような感じである。このような場合は、鼻翼をつまんで止血する程度ではほとんど効果がないので、救急搬送に踏み切った方がいい。搬送先は学校近くの耳鼻科でいい。意識がしっかりしていれば救急車を呼ぶ必要はない。

　その場で鼻血が止まっても熱が37.5度以上あったり、倦怠感がとれなかったり、青あざができていたり、食欲がなかったりする場合などは、保護者に連絡して病院を受診させよう。

　女子の場合は、生理の期間がいつもより長くないかといったように生理の出血量を聞いたほうがいい。生理による出血過多により血小板が低下すると、皮下出血が起こったり、ほかの部位から容易に出血しやすくなったりするからだ。

また、血液疾患や感染性疾患などが隠れている場合もあり、血液検査や全身診察が必要になる。よって紹介する科は耳鼻咽喉科ではなく、小児科または内科が望ましい。

やるべき処置とNGな処置

　人間誰でも血を見ると興奮気味になるし、怖くなるもの。まずは子どもに「大丈夫。すぐに止まるから」とやさしく声かけをしよう。そして上体を起こして椅子や床に座る姿勢をとり、顔をやや下に向け、何か受け止めるもの（洗面器など）を用意して、下を向いて鼻血を前方に流すようにする。

　横になったり、上を向いたりすると血液が喉に流れ込みやすくなる。もし、血液が喉に流れ込んだときは、飲み込まずに吐き出させる。血液を飲み込むと気持ちが悪くなり、嘔吐したり、あるいは気管に入って咳を誘発したりすることがあるからだ。

　止血は親指と人さし指で、「小鼻の部分」（外から触って骨が無くて硬くない部分）をつまんで圧迫する。目と目の間の鼻の

一番低いところを押さえても意味がない。圧迫時間の目安は最低5分。5分たったら、鼻を押さえていた手を離して止血されているかどうかを見る。5分たたないうちにしょっちゅう手を離してチェックするようではなかなか圧迫止血されない。実際ストップウォッチで測定してみると、5分って結構長い。カップラーメンの3分が待てないアナタ、人間辛抱です。冷たいタオルや氷嚢(ひょうのう)などで鼻を冷やすと血管が収縮するので、止血に効果があると思われているが、実際には海外でもこれを証明した文献はない。

　その一方、鼻閉などで使われる血管収縮剤入りの鼻スプレーなどは、止血に効果がある。しかし保健室での使用は医療処置としてとらえられてしまうので現実的ではない。

　また、よく鼻にティッシュを詰める人がいるが、これにも直接的な止血効果はない。それどころか、出血が止まった後で詰め物を取ると、再度出血してしまう可能性がある。

　また鼻呼吸も止血効果があるというエビデンスはない。もしもティッシュを詰める場合は、ワセリンをティッシュにたっぷり塗ってから鼻腔に挿入するといい。ワセリンは保湿を伴った潤滑剤であるが、ティッシュの鼻腔への挿入を容易にするのと出血部位に対して止血の役目も果たす。ボクシングの試合で選手がまぶたを切って出血したときに、セコンドが一生懸命傷口にワセリンを塗っている光景を目にするが、あれも止血を目的としている。ティッシュを詰めるのであれば、詰めた後もしっ

かりと指で鼻をつまんで止血処置をすること。そして詰めたティッシュをどうしても取らなくてはいけないときは慎重に取ろう。

また、よく見られる光景であるが、首や後頭部をトントンたたくのも何ら意味はない。もし鼻血が30分以上続くような場合は、救急搬送を考えよう。

参考文献
- eMedicinehealth
  鼻血の原因、処置、その後のフォローについて簡潔に分かりやすく載っているサイト（英語）
  http://www.emedicinehealth.com/nosebleeds/article_em.htm
- Viehweg TL, Roberson JB, Hudson JW, Epistaxis: diagnosis and treatment. *Journal of Oral and Maxillofacial Surgery* 64(3)：511-518, 2006.
- Kucik CJ, Clenney T, Management of epistaxis. *American Family Physician* 71(2)：305-311, 2005.
- McGarry G, Nosebleeds in children. *Clinical Evidence* 2005; :399.
- Qureishi A, Burton MJ, Interventions for recurrent idiopathic epistaxis (nosebleeds) in children. *Cochrane Database Systematic Reviews* 12(9)：CD004461.

モンスター〇〇を恐れるな！

　一昔前は患者から見て超怖い医者は結構いたが、今では医者から見て超怖い「モンスター患者」の話題が多い。自分の主張や要求ばかりを言って聞き分けのない患者のことを意味するが、これって冷静に考えれば医療現場では当たり前のことかもしれない。

　今までは患者から見て医療者は上の立場で、患者は「診ていただく」という潜在的な畏敬の念から医師患者関係が支えられてきた。しかし、生臭い言い方だが、医療も所詮「商売」であることには違いない。患者が来なければ病院はつぶれる。患者にとって病気を治すことは、時に何千万円の家を買う以上に価値が高いことなのである。家を買うときにはあれこれ注文や質問を担当者にすることだろう。だから病気のときはそれ以上に主張や希望を訴えることは当然なのだ。医療者は医療のプロであるので、患者のいかなる「わがまま」も聞いてあげなくてはいけない。

　さてその一方で、学校現場でのモンスターペアレント。この対応は今述べたモンスター患者とは全く別なものとなる。病気の子どもに対して正しく適切に対応し、養護教諭としてできるだけのことをやっても、素直に「ありがとう」と感謝されないこともあるだろう。病院

に搬送しても「この病院じゃ嫌」とか「学校で湿潤治療をやってくれればいいのに」というような本来求める要求レベルを超えたものも出てくることだろう。

　私は教育現場に立つ人間ではないのでその対策などを論じる資格はないが、先に自分たちがどの程度までのことができるのかということを、前もって親に伝えて理解をお願いしておきたいものだ。それを超える要求に関しては、「NO」という強い姿勢を学校全体で示していくというのが第一歩ではないだろうか。

Q 内科受診か、耳鼻科受診かの見極めポイントを教えてください。

A 最初は耳鼻科受診で結構。受診の見極めは、保健室でなかなか止血ができない場合。ティッシュを鼻腔に詰めてその上で鼻翼をしっかり押さえてみて、30分以上たっても止血できない場合は、近くの耳鼻科を受診させるようにしよう。

Q よく鼻血を出す子どもの場合、考えられる疾患を教えてください。

A ほとんどが鼻粘膜乾燥なので問題なし。発熱、全身倦怠感(けんたいかん)、顔色不良などがあれば血液疾患の可能性もあるので、内科を受診させよう。

Q 鼻出血について、耳鼻科ではどのような治療をするのですか？

A 出血がなかなか止まらない場合は、電気メスで血管を焼却させて止めることもある。出血がコントロールされた後は鼻粘膜の乾燥、血管収縮を促すためにステロイド剤、血管収縮剤を混ぜて鼻腔へ吸入処置をする。

第8章 脳震盪(のうしんとう)
脳震盪を見抜くためには

頭を冷やせばすぐ治る？

　学校現場では頭にけがをする子どもがホントに多い。毎日最低一人はいるのでは？

　次は、「脳震盪」の話。「脳震盪」って実はかなり曖昧な表現なのである。「病院に行ってみたら軽い脳震盪って言われただけで、たいしたことなかった」というせりふはよく耳にする。よく使われている言葉であっても脳震盪の意味をきちんと説明できる人は、医師であっても少ないだろう。

　脳震盪の定義は、頭部外傷直後に一過性に神経障害（意識消失、健忘、めまい・ふらつきなど）を呈するが、頭部CTを含めた画像診断上では異常を認めないものをいう。

　うーん？　難しいなあ。もっと簡単にいえば、頭を打ってその場で少し意識を失ったり、ぼんやりした症状が出たりしたけれど、そのうち自然に回復して、病院での検査（CTまたはMRIなど）では全く異常がない場合のことである。イメージするとしたら、外力によって脳が一瞬揺れて、しばらくの間（1時間以内）はその余波によりぼんやりしたり、吐き気があった

り、ふらついたりなどの症状が一過性に出るような感じ。

　脳震盪になっても結局のところ、しばらくすると症状が落ち着いてくるので、部活の顧問なども「じゃあ、少し休んでからもう一度試合に出ろ」となってしまいがち。でも、本当にそれでいいのだろうか？

頭部打撲はどんな場合に受診？

　頭部を打撲したら全員病院へ行かせるべきか？　ちょっと壁に頭がぶつかったり、ドッジボールのボールが軽く当たったりしたくらいでも受診指示なんてしていたら、とてもじゃないが、病院がすぐに満員になってしまう。

　じゃあ、どのようなときに受診になるのか？　頭部外傷は受傷後2時間以内の意識変化があれば緊急受診と考えた方がいい。だが、意識さえしっかりしていればそれでいいのか？

　もう一つの病院受診の判断は「脳震盪の疑い」が生じたときである。では、脳震盪を見抜くにはどうすればいいのか？

2008年にスイスで開かれたスポーツ脳震盪の国際会議でSCAT2（Sport Concussion Assessment Tool 2）という世界的診断ツールが専門家グループにより発表された。これさえあれば全く臨床経験がなくても、誰でも簡単に脳震盪を疑うことができるようになる。3つの評価から構成されているのだが、注意すべき点は、ほとんどの脳震盪の場合、意識消失を伴わないということ。すぐに競技を止めて観察中は決して一人にしないこと。それでは世界的診断ツールを使って子どもを評価していこう。①→②→③の順に評価してゆく。

①症状のチェック

●以下の症状が出た場合は脳震盪を疑う（SCAT2より抜粋）

- 意識消失
- 発作またはけいれん
- 記憶喪失
- 頭痛
- 頭の圧迫感
- 首の痛み
- 吐き気、または、嘔吐
- めまい
- 視力障害
- バランス障害※
- 光に対する過敏症
- 雑音に対する過敏症
- 倦怠感
- ボーッとする
- 気分が悪い
- 集中できない
- 覚えられない
- けだるい、元気がない
- 精神錯乱
- 眠気
- 感情的になる
- 怒りっぽい
- 気分が沈む
- いらいらする、不安になる

※バランス障害…ふらつく、まっすぐ歩けない、などの自覚症状。バランステストとは異なる。

②認知機能のチェック

5〜12歳の場合

●3点以下は脳震盪を疑う

> **現場での評価　子ども用マドックス・スコア**
> 「今から　いくつかの質問をします。よく聞いて、できるだけ答えてください」
> 修正マドックスの質問（正解はそれぞれ1点）
> ・今どこにいますか？
> ・今はお昼ごはんの前ですか？　後ですか？
> ・最後に習った科目は何ですか？
> ・あなたの先生の名前は何といいますか？

13歳以上の場合

●以下の質問にすべて正しく答えることができない場合は脳震盪を疑う

> ・今日はどこのグラウンドにいますか？
> ・今は、前半・後半のどちらですか？
> ・この試合で最後に得点したのは誰ですか？
> ・先週／前回の対戦相手はどこでしたか？
> ・前回の試合は勝ちましたか？

③バランステスト

　片足のかかとをもう一方の足のつま先につけ、利き足とは反対の足を後ろにする。体重は、両足に平等にかけること。両手を腰に当てて目を閉じて、20秒間、体の安定を維持。静止姿勢から動いた回数を数える（詳細は次ページ）。よろめいてし

まったら、目を開けて最初の姿勢に戻り、もう一度バランスをとる。静止して目を閉じている時間を計る。

20秒間、プレーヤーを観察する中で、(腰から手を離してしまう、目を開けてしまう、かかとを浮かしてしまう、足を動かしてしまう、よろめく、倒れる、または、5秒以上最初と違う姿勢のままである、など）6回以上失敗したら、脳震盪の可能性がある。

短い間に2回打撲を受けると危ない！

　脳震盪になって病院を受診させても、その後のケアなどについて詳しく医師から説明を受ける機会は少ない。脳震盪後の後遺症や致命的な障害をどうすれば防げるかという知識が、日本の医師全般にまだまだ欠けているからだ。実は、脳震盪が完全に落ち着くまでには時間がかかるのである。

　少し前になるが、フィギュアスケートの羽生選手が練習中にほかの選手と衝突して頭部を負傷した。脳震盪の疑いがあったが、ガッツのある羽生選手、周囲の反対を押し切ってそのまま大会に参加した。一方、大リーグの青木選手、頭部に死球を受けて脳震盪と診断された。しかし羽生選手と違って7日間の故障者リストに入って試合は出場停止になった。

　羽生選手と青木選手の対応の違いはまさに日米での「脳震盪

対応の違いを表している。脳震盪を起こして短い間に再度頭部へ打撲を受けると、「セカンドインパクトシンドローム」の危険がある。そのメカニズムはまだ解明されておらず、なんと致死率は50％を超えるというから恐ろしい。ようやく全国柔道連盟も、頭部を打撲したときは正常であっても数日練習禁止とし、医師から脳震盪と診断された場合には最低２週間は練習禁止としている。どのくらい練習や試合を休ませなくてはいけないかという統一したルールはまだ出ていない。しかし現在のところでは、脳震盪を起こした場合には最低１週間は競技復帰禁止というのが、スポーツドクターの中では常識とされている。

　だから脳震盪になった子どもには、脳震盪に習熟した医師を紹介し、その医師から競技復帰OKという指示があるまで待つこと。

　最後に、学校現場で一番危惧されるのは合宿中や大会が近くに迫っている場合である。脳震盪を甘くみて子どものやる気を優先してついつい競技に戻してしまう。養護教諭一人だけが理解していても、生徒全員には目が行き届かない。教師だけではなく生徒や保護者にも脳震盪の怖さをしっかり教育する時代にきているのだ。

参考文献
- https://www.cdc.gov/headsup/index.html　米国のCDCが発表している脳震盪後のケアについて
- Broglio SP, et al., National Athletic Trainers' Association Position Statement: Management of Sport Concussion. *Journal of Athletic Training* 49(2) : 245-265, 2014

  NATA（全米アスレティックトレーナー協会）が2014年の3月にリリースした、スポーツ現場における脳震盪についてまとめられた論文
- McCrory P, et al., Consensus statement on concussion in sport: the 4th International Conference on Concussion in Sport. *British Journal of Sports Medicine* 47(5) : 250-258, 2013

  2012年11月にスイスのチューリッヒで行われた「スポーツ現場での脳震盪」に関する文献。脳震盪評価が載っている。

その言葉って本当はどんな意味？

　医療従事者の間では常識であっても、世間一般にまだ知れ渡っていない言葉がよくある。

　その代表例として熱を下げる薬をさす解熱薬。これを問診票に「下熱薬」と書いてくる患者によく出くわす。

　その他「ショック」という言葉は、一般的には単にびっくりした状態、急に衝撃を受けた状態という意味であり、患者やその家族は、「ショック」「ショック状態」と聞いても、この日常語の意味で受け取ってしまいがちである。

　この「ショック」という言葉はよく耳にするのだが、病院関係者の間では、血圧が下がり生命の危険があるという意味で使われることが多い。

　まだまだほかにも枚挙にいとまがないが、もう一つ紹介するとなると「貧血」という言葉。一般では、「朝礼のときに貧血で倒れた」というのは低血圧からくる脳貧血ということをさす。病院内では貧血＝血球成分が通常より足りない状態と意味する。

　保健室から病院へ児童生徒を紹介するときに文書を記す際は、子ども側のいう言葉をそのまま使う前に、もう一度吟味しなくてはいけない。

Q 脳震盪は少なくとも24時間の観察が必要と聞きますが、どのような体調の変化があった場合に緊急受診させたらいいのでしょうか？

A 嘔吐が2回以上続く場合、頭痛が悪化してくる場合、意識低下がある場合などは、受診適応になる。頭部CT検査が可能な医療機関を受診させよう。

第9章 胃腸炎（前編）
症状・診断編

胃腸炎はインフルエンザより厄介？

　インフルエンザは基本的には冬にしか流行しない。高熱、寒気、頭痛が急に起こるが、検査キットもあるので診断は比較的簡単。治療に関しては抗ウイルス薬があり、点滴、吸入、内服といった形で薬が豊富。「さあ、インフルエンザの薬はどれにしましょうか？」なんて、メニューを聞きにきた店員のような口調も、診療所では珍しくない。

　この章で話題にする「胃腸炎」はインフルエンザ同様、認知度は高い。しかし、インフルエンザと違い、診断は簡単なようで実は難しい。検査キットはノロウイルス、アデノウイルス、ロタウイルスの3種がある。どれも下痢便を使って検査するのが望ましいのだが、下痢便を採取するのは簡単じゃない。紙コップを渡して「トイレで下痢便とってきて！」と言われても採尿じゃあるまいし、抜群のテクニックがないと紙コップに下痢便をキャッチすることはできないだろう……。という具合から、病院では肛門に綿棒を突っ込んでその付着物を検査することが多い。だからそこにウイルスがたくさん付着しているとは限ら

ないため、検査の正確性はイマイチなのである。

　しかも困ったことに、ノロウイルス迅速検査は3歳以上65歳以下の患者では保険適用にならず、自費検査（通常3,000〜5,000円）となる。一方、ロタウイルスとアデノウイルスの検査は何歳でも保険適用になる。なぜノロウイルスだけ年齢によって保険適用にならないかの明確な理由は分からない。疑問に思うのであれば、厚生労働省にお問い合わせいただきたい。

　感染性胃腸炎は年中流行が起こるし、インフルエンザのように検査を武器にすることができないから診断が難しいのだ。

　じゃあ、病院ではどうやって「胃腸炎」と診断しているのだろうか？　医者の勘？　いえいえ、そんな曖昧なものではありません。検査キットがないからこそ、きちんとフィジカルをみていかなくてはいけないのです。ここでは、身近だけれどなかなか理解が難しい「胃腸炎」の症状と診断に迫ろう。

感染しない胃腸炎とは？

「胃腸炎」というと「それって人へ感染するのですか？　学校は休みになりますか？」といった質問は多い。一般にいわれる胃腸炎には、大きく分けて２種類ある。感染性胃腸炎と非感染性胃腸炎である。

　感染性胃腸炎はウイルス性と細菌性に分けられる。みなさんが多く目にするのはウイルス性胃腸炎。細菌性胃腸炎は簡単にいえば「食中毒」が代表例。食べ物に多く細菌が付着し、それを食べてしまって症状が出るもの。

　一方、なじみは低いが非感染性というのは、薬物やアレルギー物質・寝冷えや暴飲暴食が原因となり、下痢・嘔吐・腹痛・発熱などの症状が出る。具体的な原因としては、卵や牛乳、抗生物質やステロイドなど。

　感染性胃腸炎はウイルス、細菌が直接胃腸をアタックするが、非感染性胃腸炎の発症メカニズムはその多くがアレルギーとみられている。非感染性胃腸炎は「繰り返す」のが特徴。みなさんの中で、出勤のときに時々下痢になったり、冷たい物を食べると下痢になったりするなんて人も多いだろう。こういった場合は病原菌があるのではなく、外からの刺激やストレスなどで自分の体が過剰に反応した結果、吐き気や下痢を生じるので、感染性はない。

　だからそういった症状の子どもが病院にやってきても、「君の

下痢は感染性ではないので出席停止にならないよ」ということになる。でも医者の本音をいえば、こういった胃腸炎の方が繰り返すので難治で手を焼くんだけれどね。

腹痛＝胃腸炎ではない

　このように診断がなかなか難しい胃腸炎。学校現場でどのように対応したらいいのか？　まずは、子どもがどのような症状で保健室にやってきたのかを詳しく聞くことから始まる。感染性胃腸炎の多くは嘔気、嘔吐、下痢といった症状が起きる。熱は出る場合も出ない場合もある。これだけではウイルス性なのか細菌性なのかははっきり分からない。

　ウイルス性の場合の感染経路は2つ。経口感染と飛沫感染。冬に流行するノロウイルスは、カキなどの二枚貝などを食べたことで感染する。感染者の吐物や排泄物を経由して手にウイルスが付着しており、それを口に含んでしまうことで感染がどんどん広がってゆく。ウイルス性胃腸炎の御三家に関していえば、

ノロウイルスは潜伏期間が18〜48時間と短く、ロタウイルスは1〜3日、アデノウイルスは7〜8日と比較的長いのが特徴。

　じゃあ、症状だけでどのウイルスなのかを見分けることができるか？　それは難しい。表に（P.90）それぞれのウイルスの特徴を載せたが、ミカンを見た目だけでドコ産なのかを当てるようなもの。唯一ロタウイルスは乳幼児中心に発生し、米のとぎ汁のような白色下痢になるのが特徴的。

　ウイルス性胃腸炎の特効薬はないので、どのウイルスだろうと治療は同じだから、あんまり気にしなくていいよという医師もいるかもしれないが、ノロウイルスだけは感染力がほかに比べて強いので、警戒しなくてはいけない。家での治療法については次章で。私の外来患者でもノロウイルスに一人かかり、数日以内に家族が全滅！　なんていうケースも結構多い。

　さて、話を戻そう。感染性胃腸炎の症状は嘔気、下痢があり、その後に間欠的な腹痛を生じる。腹痛は腸がゴロゴロ動いて下痢になるときに痛む。しばらくたつと痛みが和らいでくる。そ

してまた腹痛がやってくるという繰り返しが起きる。

　じゃあ、ものすごい腹痛が先に生じて嘔吐したり、あるいは下痢になったり、腹痛は持続的になったりしているケースはどう？　これは胃腸炎診断のまさに落とし穴で、実は重大かつ緊急性の高い病気の可能性がある。急性虫垂炎、膵炎や腸閉塞などの場合は先に痛みを生じ、後から嘔気、嘔吐がやってくる。

　保健室にやってきた子どもが持続的な痛みで30分以上たっても全く改善しないときは、「緊急受診」のサインである。近くの診療所やクリニックではなく、検査と入院ができる病院へ紹介するほうがいい。

　女子で生理をすでに体験している生徒には「妊娠の可能性」を問いかけていただくと医療者側としてはありがたい。

●学校感染症としての出席停止期間

ウイルス名	ロタウイルス	アデノウイルス	ノロウイルス
ウイルスの大きさ	70nm	70〜80nm	27〜32nm
罹患年齢	乳幼児	乳幼児	主に成人
流行時期	冬〜春	通年	秋〜冬
感染経路	食物、水、糞便	糞便	生カキ、二枚貝、水、糞便
潜伏期	1〜3日	7〜8日	18〜48時間
感染力	強い、院内感染	強い、乳児院で発生	強い、食中毒集団発生
便の性状	水様下痢、白色〜黄色便	下痢（酸臭）、長期間の下痢	下痢
症状	嘔吐、下痢、腹痛、発熱、脱水症状	嘔吐、下痢、腹痛	嘔吐、下痢、腹痛、悪心、風邪の症状
検査方法	抗原検査（糞便）	抗原検査（糞便）	抗原検査（糞便）
罹患期間	3〜7日	8〜12日	1〜2日

病院受診の目安は？

　子どもの対応にあたって一番知りたいのは、このまま保健室で様子を見ていていい胃腸炎なのかどうかということだろう。先に述べたように、腹痛があまりにも続いて強い場合は、ほかの疾患が隠れている可能性があるので病院を受診させよう。

　胃腸炎だろうなと思った場合に限って気をつける点は、次の2つだ。
①ひどい脱水がある
②血便が出る

　忙しい保健室で観察する点はこの2つだけ。このうち一つでもあれば病院を受診させよう。覚えやすいでしょ。まず脱水。吐いて下痢をすれば水分を失う。加えて熱があれば不感蒸泄（無自覚のまま皮膚や気道から蒸散する水分）が増え、さらに水分を失ってゆく。下痢だけで嘔吐がなければ水分補給が可能なので、そう簡単には脱水にならない。

　脱水の症状とは？　これは胃腸炎でも熱中症でも同じ。脱水になると体内の水分が少なくなって喉が渇く、力が抜ける、ぼーっとする、顔色が悪くなる、唇が紫色になる、などの症状が典型的。脱水のひどい子が「先生、また下痢便したくなったので今からトイレに行ってきまーす！」なんて大きな声でトイレに駆け足で向かうなんてことはない。力尽きてベッドに伏してしまい顔色が悪く、言葉も少なめという子どもは要注意。

嘔吐がひどい場合は、喉が渇いても子どもが欲しがるだけ水分を飲ませないほうがいい。胃が水分を受け付けなくなっている状態なので、飲んでもいずれまた吐くだろう。あえて水分をとらせないというのが最善の方法なのである。

　脱水になった場合の治療法は一つ。点滴である。顔色が非常に悪く歩けない胃腸炎の患者でも、点滴を1時間やっただけで、自力で歩けるようになるケースは多い。この場合、入院になるかどうかは保健室では判断できないので、まずはお近くの内科あるいは小児科のクリニック医院へ紹介、でいいだろう。

　そしてもう一つが血便。ウイルス性胃腸炎の場合、血便が出るというのは珍しい。ウイルスは主に胃と小腸をターゲットにして攻撃するので嘔吐と水様便になる。一方、細菌性腸炎は大腸をターゲットにする。大腸は水の吸収にはなんら関与しない場所なので水様便になることは少ない。むしろ炎症が起きると出血し、大腸は肛門から近いのでそれが肉眼でも分かる。血便＝細菌性腸炎といっても過言ではない。

細菌性腸炎の場合、多くは食中毒が原因。有名なところでは腸炎ビブリオ、カンピロバクター、サルモネラ、病原性大腸菌などがある。夏場はサルモネラとカンピロバクターの感染が多い。病原性大腸菌は、1996年夏に大阪府堺市の小学生の間で集団感染を起こしたO-157が有名だが、O-157以外にも多数存在する。全てが重症化するわけではないが、ベロ毒素と呼ばれる毒素を産生するかどうかが重要で、毒性が強い場合は溶血性尿毒症症候群（HUS※）という重篤な合併症を起こすこともある。

　こういった場合を考えて、血便であれば病院を受診させ、便培養検査と抗生剤投与をしなくてはならない。細菌性胃腸炎の治療として抗生物質を投与する場合は、原則として注射ではなく内服で行う。抗生物質そのものを長く使うと副作用が生じるので、長期内服は行わず、使用期間は3〜5日間程度とする。下痢止めは使用せず、整腸剤だけにとどめる。

　次章では、胃腸炎の発生予防や家でのケアなども踏まえてお話ししよう。

　　参考文献
　　　日本外来小児科学研究会編著
　　　『お母さんに伝えたい子どもの病気ホームケアガイド』医歯薬出版

※Hemolytic Uremic Syndrome

虐待

　みなさんも一度は見たことがあるだろうか、「はじめてのОООО」という民放の人気テレビ番組。子どもが一人で近所におつかいに出かけるものだ。道中山あり谷ありで、結構感動モノである。

　しかしこの番組が放送できるのは日本だけなのだ。番組を決して否定しているわけではない。海外ではこの番組の内容は、小児虐待ととらえられる可能性が高いのである。

　とりわけ米国では「子どもは社会のものである」という認識から、虐待を監視する目は日本では考えられないほど厳しい。例えば12歳以下であれば決して一人で留守番させてはいけないし、買い物の最中にスーパーマーケットに止めた車の中で、子どもを待たせておくこともご法度。人前で子どもをたたくことも、もちろんダメ。誰かに通報されて現行犯逮捕という結果が待っている。

　というわけで、子どもが一人で歩いておつかいなんて、感動どころか「テレビ番組に勘当！」なのである。

第10章 胃腸炎（後編）
治療編

はっきりいって特効薬なし！

　前章の胃腸炎の症状・診断編に続き、治療についてお話しします。

　病院では胃腸炎と診断すると、「水分補給をしっかりやって脱水予防に気をつけてください。それではお大事に」というフレーズをドクターが言うことが多い。患者は分かったような、分からないような顔をして病院を後にする。

「まあ、薬でも飲めば治るかな」と家に帰り、もらった薬を飲んだ途端、気持ち悪くなって嘔吐。下痢もなかなか止まらない。「あーどうしよう！　もうっ、あの先生の薬が効いていないんだ。よし、ほかの病院でもっと良い薬を出してもらおう！」なんていうことでドクターショッピングに走ったりすることになる。

　実は家庭での指導についてきちんと書かれている医学書はほとんどないのだ。少ないながらもいくつかの研究をリサーチできたが、どれも欧米のデータで、「俺たち日本人、文化も食生活も違う外国人の指導方法が日本であてはまるもんか」と愛国

心の片鱗を見せながらお話ししていこう。

　はっきりいって特効薬なし！　インフルエンザのときにはタミフルとかリレンザとかいう即効薬があり、なんとも重宝する。では、同じウイルス性疾患の胃腸炎の場合はどうか？　ノロ、ロタ、アデノが胃腸炎を起こすウイルスであるが、未だに抗ウイルス剤は発明されていない。ウイルス性疾患の場合は、体内の免疫系にがんばってもらい、ウイルスが自然に体内から消失するのを待つしかない。だから胃腸炎に特効薬なし！　なのだ。

　しかし外来でこんなことをはっきり患者にいうとドン引きされる。「治療のために病院に来ているのに何よ、そんなドヤ顔でいわなくてもいいじゃない。とにかく早く治る薬ちょうだい！」……というせりふのやりとりになる。

　病院では嘔吐には吐き気止め、下痢には止瀉薬あるいは整腸剤を処方することが多い。でも実際はあまり効果がない。吐き気止めは、胃の動きを活発にして消化を助けるだけなので、決して脳の嘔吐中枢に直接作用して吐き気をピタッと止めるス

トッパー的な力はないのだ。

下痢にブラピ？

　激しく下痢しているときは、からい物や冷たい物などは控えた方がいいと多くの人が思っているだろう。

　じゃあ、何を食べればいいのか？　以前米国では、下痢のときはBRAT（ブラット）がいいとされてきた。ん？　イケメン男優？　いやそれはBRAD PITT（ブラッド・ピット）。ちょっと惜しいが、ファンであっても下痢が止まるわけじゃない。BRATは、Banana：バナナ、Rice：米、Apple：リンゴ、Toast：パンの略。

　しかしBRATは、最近の研究ではあまり意味のないことが判明し、アメリカ小児学会でも今は推奨していない。さらに驚くことに、ミルクや乳製品は消化に時間がかかったり、腸を刺激したりする可能性があると思われていたので、下痢のときにはこうしたものを制限する指導がされてきたが、これも米国の研究で意味のないことが判明している。

　結論としては「下痢のときは食べたいなら何でもいい」というのが欧米式の答えなのだ。これも日常の外来で患者を前にして言うと、やる気のないいいかげんな先生だなあと思われかねないので、日本流では「腸に負担のかからない炭水化物系、つまりおかゆやごはん、パンなどから少しずつ食べてくださいね」と言うことにしている。

救世主な食べ物や飲み物たち

　下痢にリンゴが効くというのは昔から知られている。なぜだろう？　同じ果物でもミカンやブドウはダメなのか？　リンゴには「ペクチン」という成分が含まれている。「ペクチン」は水溶性食物繊維で、便の中の水分を吸い取り、便の硬さを調整してくれる機能がある。リンゴの皮にはペクチンが多く含まれるので、皮をむかずにそのまますりおろして食べる方がよい。リンゴジュースはペクチンが壊れているので効果は薄い。残念。ペクチンが多く含まれる食材としてはほかに桃、ニンジンなどが挙げられる。

　ペクチンのほかに「タンニン」という成分にも効果がある。クラスの担任ではない。タンニンには収れん作用※があり、荒れてしまった腸の粘膜を保護してくれるのだ。タンニンが多く含まれている果物は、ブルーベリーやラズベリーなど。果物そのものを食べてもいいが、ラズベリージャムでも十分効果があ

るらしい。

　紅茶やお茶にもタンニンが含まれているので保健室で温めて子どもに与えてもいいだろう。

　食べ物は消化しやすいうどんやおかゆが代表例だが、下痢が落ちついてきたら常食、つまり制限のない普段通りの食事に戻そう。炭水化物だけじゃ、栄養として足りないですからね。

オーエスワン®（OS-1）最強説は本当か？

　下痢のときは、何か口にするとさらに下痢が続くので、しばらくの間、水分もさることながら、何も食べてはいけないと思いがち。でもその考え方は現代医学で否定されている。

　食べ物の水分が小腸で吸収されなくなり、便と一緒に水分が排出され、下痢が起こる。水分が便にあまり含まれないと今度は反対に便秘になるのだ。下痢では水分と同時に塩分、カリウムという大切なミネラルも失われてゆく。水分を入れてあげないと不感蒸泄（ふかんじょうせつ）で体内から水分、電解質がどんどん喪失してゆき、脱水の危険度が高まる。下痢が続こうが、そんなことはおかまいなしに水分ミネラル補給に努めなくてはいけないのだ。

　じゃあ、何を飲めばいいのか？　腸の運動を刺激するような炭酸やカフェイン、アルコールは必ず避けたい。その一方でぜひ勧めてほしいのが、スポーツドリンク、おみそ汁、野菜スープなどである。ただし、保健室にはスポーツドリンクはあっても、おみそ汁や野菜スープの料理まではなかなかできないこと

だろう。

> ちまたで売っている「オーエスワン®（大塚製薬）」（以下OS-1）はどうか？ これはナトリウム濃度が高く、現在市販されている経口補水液の中では断トツに水分吸収率がいい。知名度もかなり高い。OS-1 500mL中の食塩量は約1.5g（梅干し1個分）、カリウム量は390mg（バナナ1本分）であり、スポーツドリンクの代表選手のアクエリアス®の塩分濃度はこの3分の1である。
>
> OS-1に最強の効果があることは分かってはいる。しかし口にしたことがある人なら分かっておられるだろうが、お世辞にもおいしいとはいえない。塩辛いのがネックなのだ。
>
> そこで他社からも次々新商品が出てきている。アクアソリタ®（味の素）はOS-1に対抗すべく、OS-1の塩分濃度をやや減らし、ブドウ糖ではなくショ糖（砂糖）を混ぜたり、風味（リンゴ風味、ゆず風味）をつけて飲みやすくしたものである。 NaCl濃度を減らした分、Caイオン、Mgイオン、Pイオンの濃度を高めてあるが、総電解質濃度はOS-1の約7割であり、OS-1よりも吸収率はやや劣る。
>
> また、アクアサポート®（明治）は、OS-1とほぼ同じ電解質組成（MgとP濃度だけ違う）なので、吸収率も同等。リンゴ風味がついているのでOS-1よりは飲みやすい。
>
> 飲みやすさは、アクアソリタ＞アクアサポート＞OS-1という感じ。効果は、OS-1＝アクアサポート＞アクアソリタであろう。子どもに勧める以上、ぜひとも一度はいろんな経口補水液を試飲しておいた方がいいだろう。

吐かぬまで待とうホトトギス

　何でホトトギス？　胃腸炎とは全く関係ない。あしからず。
　さて、今度は吐き気が強く、嘔吐が続く場合はどうする？ 熱があれば汗をかくので喉も乾く。しかし水分をとってもしばらくするとオエーッと全部吐いてしまう。
　またしばらくすると、なんだか口が渇いてきて、また水が飲みたくなってくる……なんていう体験はきっとあるはず。
　嘔吐があるときは、胃腸の動きが極端に落ちて胃の内容物が全く消化されずに残っており、十二指腸へ移動することができずに吐いてしまうのだ。そんなときは下痢とは対照的に「飲食はちょっと待ったあ」でストップするのが正しい。
　いつまでストップ？　教科書には吐き気が止まるまでとか、嘔吐してから1時間から数時間までダメとか幅広い記載がある。実際には、「吐いてから1〜2時間は胃をしっかり休ませる意味で、何もとらないでください」と患者に指導している。吐き気がなくなるまでと言ってしまうと、嘔吐した直後はスッキリするので、なんだか治ったような錯覚になり、欲しい分だけ水分をとってしまうが、胃は動いていないのでまたしばらくして吐く、という悪循環に陥る。だからとりあえず1〜2時間様子をみるというのが現実的なのだ。
　そして1〜2時間たって吐き気もなければ、少しずつ水分をとっていくのだ。小さく砕いた氷でもいいし、あるいはペット

ボトルのキャップを使って日本酒をチビチビやるような調子で少しずつ時間をかける。これが非常に重要で、本人に任せてしまうと「いや、もっといける！」なんて一気飲みしかねない。一気飲みは必ず吐く。

　それから糖分を含んだ飴（あめ）なども効果的。口の中で溶けて胃には負担がかからないし、わずかだがカロリーもゲットできる。

　じゃあ、激しい嘔吐と下痢の両方がある場合は？　そのときも優先するのは嘔吐への対策。下痢だから脱水が心配なので、まずは水分補給！　という考えがよぎるが、あくまで嘔吐が治まるまで絶食。ぐったりとしてかなり顔色も悪く、脱水がひどい場合は点滴療法になる。その点はしっかり見極めての病院紹介が重要となる。

腹痛のときは温めた方がいい？

　腹痛のときは温めた方がいいのか、あるいは冷やした方がいいのか、ということについて、きちんとエビデンスを踏まえて記載してある本はほとんどない。一般的に打撲での腫れについては、冷やした方がいいというのは明白であるが、腹痛の場合はホントに科学的な根拠がない。

　保健室で勧める方法としては、子どもにとって痛みが楽になる方法を選ぼう。下痢の場合、腸管も腹筋も冷えて緊張していることが多いので、まずは温めるのがいいかも。

　しかし問題は腹膜炎のときである。この場合、温めるとよく

ないといわれるが、保健室では腹膜炎の診断は難しい。痛みが尋常ではなく、激しい痛みが持続する場合は、何もしないで病院受診が賢明である。下痢で最初は温めたが、腹痛が改善しなかったり、悪化したりする場合は温めるのを中止した方がいいだろう。

※収れん作用
たんぱく質を変性させることにより組織や血管を縮める作用。収れん作用を持つ物質には止血、鎮痛、防腐などの効果があり、化粧品や医薬品として用いられる。

参考文献
- King CK, Glass R, Bresee JS, Duggan C, Managing acute gastroenteritis among children: oral rehydration, maintenance, and nutritional therapy. Centers for Disease Control and Prevention *MMWR Recommendations and Reports.* ;52(RR-16):1-16, 2003
　ＢＲＡＴ療法では科学的根拠が実証されなかった
- DuPont HL, Guidelines on acute infectious diarrhea in adults. The Practice Parameters Committee of the American College of Gastroenterology. *The American Journal of Gastroenterology.* ; 92(11):1962-1975, 1997　下痢の時はミルク、乳製品を制限する必要はないことが書かれている
- 日本臨床内科医会「下痢の正しい対処法」

医者の賢いかかり方

「お医者さんでも病気になるんだ！」なんて、よく飲み屋でいわれる。それって大きな偏見。医者も人間ですし、病気にもなります。いやむしろ一般の方より、過重労働とかあるいは座ったままの生活が多いせいで、生活習慣病になる率が高いかもしれない。

　それはそうと、医者が病院にかかると、何も言わなくても「あっ、先生ですか？」と開口一番に言われる。何で分かるの？　自分の中では長い間、謎であったが、なんてことはない。カルテに貼った保険証のコピーに目を通す医者が多く、勤務先や健康保険組合の名前で医療関係者だとバレてしまうのである。カルテは医者以外にも事務員や看護師も見るので「先生、次の患者さん、医者ですよ」ってささやかれることもある。患者が女性だったら看護師？　という選択肢もあるが、男性医療従事者＝医者というのが多くの方の認識みたい。自分が医者ってバレたら、ほとんどの先生がよそよそしくなるか、変に丁寧になる。きっとやりにくいんだろうなあ。

　さて話は変わって、みなさんが病院にかかるとき、どうしたら患者と医者の良い関係が築けるかをお教えしよう。

　一番つらい症状だけを言ってから、後は医者からの質

問を待つ。多くの方は病気になると医者の前で少しでも多くのことを伝えたいあまり、いろんな症状を言いたくなるであろう。でもそこはぐっと我慢。医者は患者から症状を聞くと、反射的にいろんな病気を脳裏に浮かべ、その病気を元に、患者に質問を浴びせていく。難しい言葉でいうと「仮説演繹法(えんえきほう)」という。

　最初の診断のとっかかりは患者の口から始まり、診断に至る過程で必要な質問は医者が決めるというのが実際なのだ。例えとしては拙劣であるが、「取り調べ」みたいなもの。一方的にあれこれ勝手に話す患者は情報量に関しては多いが、その中で診断に必要な情報が少ないことや、医者の方で順序だてて情報をキャッチすることができないことで、「やりにくい患者」というバイアスがかかってしまうのだ。良い診断には何より患者と医師の良い関係が必要。医者にとって診察しやすい患者になるためにも、最初に言いたいことをズバッと言って、その後はしばらくおとなしくしていよう。

Q 下痢のとき、しばらくうどんやおかゆを食べている人がいますが、逆に長い間そうしたものを食べていることの弊害はありますか？

A うどんやおかゆは炭水化物なので、長期間だと栄養に偏りが出てしまう。

Q ウイルス性や細菌性の胃腸炎にかかった場合に、抗体はできないのでしょうか？

A 抗体はできない。

Q 感染性か非感染性かの胃腸炎の見極めの方法はありますか？

A 保健室の段階では、見極め方法はない。

Q ウイルス性胃腸炎の自然経過について教えてください

A 嘔吐が1～2日間続き、下痢が5～7日間程度続いて自然によくなる。

Q ウイルス性胃腸炎に家族がかかったときの日常生活の注意点を教えてください。

A 徹底的な手洗いと、うがい。タオルなどの使用は共有しない方がよい。

第11章 学校健診
学校健診って本当に必要？

よりよい学校健診のスタイルについて

　毎年2〜3月になると、学校からクリニックに電話がかかってくる。そうです、校医をしている学校から、健康診断出動要請の話です。健診は、年に一度の校医としての大事な公務。久しぶりに学校に行くので緊張しながらも張り切って出動します。

　それにしても学校健診って、本当に必要なのかな？　必要だとしても、今のやり方でいいのかな？　といった疑問が毎回実施するたびに生まれてくるのは私だけだろうか？

　そもそも学校健診の目的とは、病気を早期に発見し、保健指導をするということらしい。でも症状があって異常を見つけるよりも、まったく症状のない中から異常を見つけることの方がはるかに大変なのだ。手抜き診療をすればすぐに見落としのわなに引っかかる。そして一気に多くの児童生徒をさばく（失礼、診察する）ので時間が半端なくかかる。まして学校現場では、授業をつぶしてまで健診を実施しているため、一人の子どもの診察時間は10〜20秒程度になってしまう。まさに工場大量生産方式のごとく、どんどん滞ることなく校医の前に子どもが

やってくる。100人も聴診していると耳が痛くなってくる。ひたすらマシーンのように同じ問診を繰り返し、疲れだけが正直残る。疲労の割に実り少ない学校健診。何がいけないのだろうか？

　子どもたちの健診についてはもっと丁寧に、ゆっくり時間をかけて実施してほしい、という思いのある養護教諭の方々にとっては、教科担任から「時間内に終わってくれないと困る」と言われ、板挟みになることもあるだろう。大人はまだ子どもより診察しやすい。子どもと違って症状の訴えをはっきり具体的に言うことができるからだ。それに比べて子どもはうまく自分で表現できないので、潜在的な大きな病気が隠れている可能性もある。今までの学校健診のやり方でいいとは誰も思っていないのではないか。そこで、よりよい学校健診のスタイルについて、養護教諭個人で取り組める工夫がないか、みていこう。

健診前の事前調査がカギを握る！

　学校健診をやるにあたって一番大切なことは？　校医が聴診

するときに子どもを静かにさせる？　きちんと一列に並ばせる？　心臓の音を聞く際には上半身を裸にさせるべきか？　一見大切に思えるが、実はそんなことはどうでもいいのだ。もっと大切なことがある。

　養護教諭にとって学校健診の際に一番大切なことは、できるだけ校医の横について子どもの状況を、的確に、手短に、わかりやすく伝えること。校医にとって短い診察時間で、子どもの主訴や病歴などを1から10まで全て聞くことは到底不可能。

　また見慣れない白衣を着た怖そうなオッサン医師の前では、子どもも皆「貝」になって、うまくコミュニケーションがとれないだろう。問診票だけをみると「動悸がする」「頭が痛い」「めまい」「吐き気」などの重要項目にチェックが付いている場合でも、どれだけ重要な意味を持つものなのかがそれだけでは全くわからない。だから養護教諭がそうした子どもに事前にしっかり問診をとってくださっていると校医は大変助かるのだ。

事前に子どもへの問診で聞くべきポイントは

① ○を付けた項目の変化。いつから始まって症状が悪化してきているのか？
② ○を付けた症状について親に話しているのか？　あるいは病院を受診しているのか？
③ 病院を受診しているのであれば、治療は？　飲んでいる薬は？

④ 問診票の選択肢に載っていない気になる症状はないか？
⑤ 今までに聴診で異常を指摘されたことがないか？　家族で心臓の病気の人はいるか？

　全校の児童生徒に、このような立ち入った問診を事前に聞いておいてくれると助かる。ただ、現実的には、問診票の回収と詳細を知るための追加問診などは（数にもよるだろうが）最低でも1か月はかかる大変な作業だ。問診自体のやり方にも工夫が必要となるだろう。そして健診が終了した後は、気になる児童生徒に関して校医と話し合ったり、次年度の健診はどうすればもっと効率的になるかを相談したりしよう。

聴診はシャツの上から？　それともやっぱり裸？

　診察の上で校医が必ず行うのが胸の聴診。主に心音と呼吸音を聴いている。呼吸音として喘息時に聞こえる喘鳴という音を拾う。喘鳴は喘息以外でも気管支異物や肺炎などでも聞こえるが、こうした場合は喘鳴が局在として（限られた場所に）聞こ

える。一方喘息の場合は胸のどの部分でも聞こえる。特に強制呼気、つまり思いっ切り吸ってその後に吐き出すときに、喘鳴が一番聞こえやすいのだ。だから「大きく吸って吐いて」と言う。

心音はどうかというと、心雑音と不整脈を重点に聴いている。

さて本題の聴診はやはり上半身を裸にしないとダメ？　個人的な意見では、ブラジャーをとってもらえばシャツの上からでも十分OK。こういった意見を医師ネットとかで言うと、かなり反発を食らう。もちろん裸にして聴診することに越したことはないが、土俵は学校健診である。なにも循環器外来ではないので、かすかな心雑音などは無視していいのだ。多感な思春期を迎えた女子が、教室で見知らぬ男性に胸を露わにする恥ずかしさを、十分くみ取ってあげる必要がある。学校健診なんて受けたくて受けているわけじゃないし、子どもにとって何が嫌かというと聴診だろう。

心臓の聴診で重要なのはシャツの上からでもしっかり聞こえる心雑音を拾い上げること。それに加えて、今の聴診器はかな

り性能が上がっていて、薄いシャツの上でも十分に聴こえる。肺音を聞くときはシャツの生地によってはシャカシャカ擦れるのがうるさいので、聴診器をシャツの上からしっかり胸に押しつけて集中して聴く必要がある。もし直接肌に聴診器を当てることにこだわる校医がいれば、プライバシーと聴診器の清潔性に十分こだわってほしい。一人の聴診が終わるごとにアルコールで聴診器をしっかり拭かなくてはいけない。そうでないと不潔になる。

　心雑音は、
① 心臓に弁疾患があったり、心臓の壁に小さな穴が開く心房中隔欠損、心室中隔欠損によったりする場合
② まったく心臓には異常がなくて聞こえる生理的なもの
③ 貧血や甲状腺機能亢進などのような、ほかに原因がある場合

の3つに大きく分けられる。貧血や甲状腺の疾患はほかに症状が出ることで判断がつくが、心臓が原因の場合とそうでない場合の心雑音の違いは？　実際の聞き分けはあまり難しくない。心雑音がはっきり大きく聞こえる場合は心疾患が原因の音。これは音が頸部や背中といったほかの部位にまで放散する。病院で心エコー、心電図、胸部レントゲンといった精査が必ず必要になる。

　それに比べてシャツの上からかすかに聞こえる程度の弱い音は、無害性心雑音の可能性が高い。無害性心雑音は10歳代の健康な生徒に多く、体の成長に伴って心拍出量が増えて肺動脈

弁に圧がかかることで生じる。

　それにしてもこの鑑別方法は科学的じゃないなあ、と思うことなかれ。実際の臨床ってこんなもんなのだ。小さな心雑音まで拾って全員精密検査！なんてやっていたら、一次健診で毎回多くの子どもが引っかかってしまうのである。

学校医と産業医の違い

　学校医と産業医は職務がたいへん似ている。でも違うのが健診である。

　職場の健診というと会社の産業医が実施するのではない。民間健診機関に委託してそこにいるスタッフが会社に来たり、社員が健診機関に行ったりして健診を行うのが常である。じゃあ、産業医は何をしているのか？　産業医が校医と違うのは健診が終わった後に全ての社員の結果に目を通して、異常を判断して、すぐに受診すべきか、あるいは指導でいいのかを見極めること。つまり社員がきちんと会社生活を送れるかということに重点を置く。治療には手を出さない。校医はどうかというと、どちらかというと年に一度の健診を怒濤のごとく行い、後は学校任せというのがほとんどであろう。結局は産業医も校医も大切な組織の人間を守るという点は一致する。学校健診もこれからは職場健診の利点を踏まえ、健診は

思い切って民間のプロにお願いしてもいいかもしれない。

　養護教諭は健診のプロである健診機関の現場に立ち会い、健診終了後に打ち合わせなどを行う。学校医は結果が全て出た後で個々の子どもの総合判断を行ったり、面談をしたりするというのはどうであろうか？　1年に1回だけ健診のときに顔を見せる校医よりも、ずっと学校にとって身近な存在になるであろう。

Q 問診票に入れておいた方がよい項目を教えてください。

A 子どもの問診票に入れておいてほしいのは、次のようなこと。

① 現在治療中の病気

② 薬を服用中の病気

③ 過去の手術

④ アレルギー

⑤ 過去の健診で異常を指摘されたことは？　その内容とその後の経過

⑥ 頭痛、胸痛、腹痛、めまい、体重減少、息切れ、動悸などの症状があるか、あるならいつからあるのか？　悪化しているか？　現在管理中であるのか？　がわかるとよい。

第12章 乗り物酔い
酔う前にしっかり対策を！

好きで酔うわけじゃないよ、乗り物酔い

「小さい頃から車に乗ると乗り物酔いがひどくて……」なんて言っていた女性も、いざ運転免許を取って自分で運転し始めると、全く酔わない。でも運転が荒くて、乗せたほかの人を酔わせたりして……。ちょっとした遠足や修学旅行でも乗り物移動は欠かせない。たかが乗り物酔い、されど乗り物酔い。せっかくの楽しい予定が台無しになってしまうこともあり、子どもにとって乗り物酔いは非常に深刻なのだ。

　なぜ人間は乗り物酔いになるのだろう。ビールでは全く酔わないのに、日本酒が入った途端に酔うこの私だが、乗り物酔いのメカニズムについてお話ししよう。耳の奥（内耳）に三半規管というバランスをつかさどる器官がある。三半規管の中にあるリンパ液が体の傾きを察知して脳に信号を送り、身体のバランスを保っている。自分の目の動きと乗り物の動きが一致するときには、乗り物酔いは起こらない。なぜかというと、歩いているときなどは歩く速さと同じスピードで景色も動くので、三半規管で察知しているバランス感覚、目で見える景色、体（筋

肉）で感じる知覚の調和がとれているからだ。車などに乗って本を読んでいたり、あるいは船の客室で寝ていたりする場合などは、絶えずリンパ液が揺さぶられる状態にあり、耳では動きを感知できるが、視覚としての感知が劣るので脳の中で三半規管と視覚とのミスマッチが生まれ、体が変調をきたして乗り物酔いが起きてしまう。つまり、視覚でこの後にどう揺れてその揺れがいつまで続きそうなのか、というのを頭で想定できれば、基本的に乗り物酔いは起こらない。

　年齢に関しては、２歳以下ではまだ平衡機能が発達していないので酔うことが少ない。それ以降の年齢では平衡機能がどんどん発達してくるので乗り物酔いが始まり、ピークは12歳。子どもと関係ないが、妊婦さんは酔いやすい。これはホルモンが関係しているといわれる。また片頭痛の既往のある子も酔いやすい。これは脳内のセロトニンが関与しているといわれる。それでは縦揺れと横揺れはどっちが酔いやすい？

　個人差があるが、一般的に横揺れより縦揺れの方が酔いやす

い（車の左右の揺れは大丈夫でも、船の上下の揺れはダメという人がいる）。ちなみに人間だけではなく犬とか猫などのペットも酔う。

ホントに効くの？　さまざまな対応法

●視覚

　船では客室の中に閉じこもっているよりも、デッキに出て水平線を眺めていた方がいい。バスでは後ろの席などに座って本やゲームに熱中するよりも、一番前の席に座って車窓を眺めていた方がいい。電車でいうと進行方向に向かって窓側に座った方が酔いにくい。

●席取り

　酔い止め薬を飲んだだけでは完璧ではない。次に大切なのは「席取り」である。運動会の席取りと違って、競争ということはないだろう。そこは先生方が率先して酔いにくい席をとってあげよう。

＊バス、自動車：バスなら前後の車輪の真ん中が一番揺れが少ない。前から４列目あたりがこの位置にあたる。普通の乗用車ならば助手席がいい。

＊列車：進行方向に向かって窓側。もし座れなければ進行方向を向いて立っていよう。

＊飛行機：翼近くの窓側。

＊船：船底より高い客室の方がいい。できるだけ船首に近いデッ

キに出て遠くを眺めておこう。

薬の内容とその効果とは？

　主に酔い止めとして効果のある成分は、スコポラミン（抗コリン剤）と抗ヒスタミンというもの。

　抗ヒスタミン薬といえば蕁麻疹（じんましん）のかゆみや花粉症の鼻水症状を抑えることで有名。もう一つ、ヒスタミンには嘔吐（おうと）中枢を刺激して吐き気を催すという作用がある（ヒスタミンは体内で分泌される）。抗ヒスタミン薬はこの作用（吐き気や嘔吐）を抑えるのだ。また抗ヒスタミン薬は眠くなる副作用があるので、眠ることで乗り物酔いを予防する効果もある。塩酸メクリジンなどの抗コリン剤は、吐き気を抑えることはできるが、嘔吐を止める効果はない。市販薬の酔い止めにはこの2つの成分がうまく配合されている。

　病院で処方される酔い止めに、トラベルミン® という薬がある。ジフェンドラミンが40mg入っている。これは風邪や鼻炎のときに鼻水症状を抑える抗ヒスタミン薬。鎮静作用もあり、結構眠くなる。いつこれらの薬を飲めばいいのかというと、乗る30分前がベスト。

　スコポラミンは自律神経の一つである副交感神経を遮断する薬。視覚情報と内耳からの情報にずれを感じて自律神経が混乱することで、乗り物酔いは起こる。その際に副交感神経が興奮すると、胃酸や唾液の分泌が高まって不快な気分になるので、

副交感神経を鎮める薬が有効なのだ。

酔い止めと一緒に飲んではいけない薬は？

生理痛などの鎮痛剤は全く問題ない。しかし鼻水が出たときに使う花粉症の薬や風邪薬は、一緒に飲まない方がいい。それらの薬には抗ヒスタミンの成分が入っていて、同じような働きの成分が入っている酔い止めを飲むと、副作用である眠気が増すからだ。

一番効果のある薬は？

市販薬より、病院でもらう酔い止めの方が、成分量は多く含まれている。しかし小児向け（7歳以上15歳未満）には病院処方薬はない。だから小児の酔い止めは市販薬が中心になる。シロップ、錠剤、散剤など、いろんなタイプで売られているが、効果の面で優劣はない。飲みやすいタイプを選んであげよう。

民間療法は？　信じれば救われる！

民間療法をやる上で一番大切なのは、「これは絶対に効果がある」と信じ込むということ。「信じるものは救われる」とでも言おうか、酔いには心因的な要素も絡むからだ。民間療法で代表的なのがショウガ。ショウガの辛み成分であるジンゲロールには消化管運動を高め、吐き気を抑える働きがある。数多くの論文で証明済みである。手っ取り早く飲めるものとしては市販で売っているショウガ湯。風邪で体を温める際に飲むことが多

いだろう。朝から乗り物に乗るのであれば、前日の夕方に1回、当日朝にも1回飲むことをお勧めする。

ツボ刺激はどうか？

　手首につけるシーバンドというものが売られている。リストバンドみたいなもので、米国では結構多くの旅行者が愛用しているとか。手首のツボを圧迫することで効果がある。手首に巻くものだが、酔い止めに効くツボは手心（しゅしん）と神門（しんもん）という場所がある。手心は手のひらのちょうど真ん中辺りのところで、神門は手のひら側の手首のちょうど小指寄りのところである。一番いいのは指圧ボールなどをグイグイ握ってツボを刺激することなので、試みてもいいだろう。

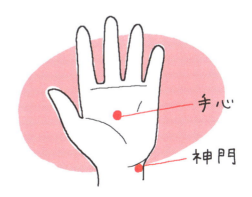

ガムや飴の効果は？

　ガムや飴は、バスガイドさんとか旅行会社の方から「酔い止めにどうぞ」なんて勧められたりもするが、実はこれに関してのエビデンスはあまりない。「ガムをかむと脳が刺激されて酔いにくくなる？」なんていうもっともらしい理由を出す人もいるが、これも眉唾ものだ。市販薬の眠くなる副作用を利用して早めに乗車中に寝かせて酔いにくくさせる、ということの真逆をいっているからだ。もしガムや飴の効果と仮定するならば、おそらく気分のリフレッシュ効果から来ているだけであろう。

　でも民間療法は本人が効けばそれでいいのだ。効くのであれば、毎回、「ガムをかめば酔わない！」と信じている気持ちを大切に。

梅干しはどうか？

　梅干しは食べるどころかおへそにテープで貼ると効果があるとかいわれているが、科学的根拠は乏しい。

これで完璧！乗る前準備鉄則！

①乗る前の準備

＊しっかり睡眠をとる。

＊空腹や満腹を避け、排尿、排便を済ませておく。おにぎり１個程度を食べておくといい。

＊不安を避けよう。「今回は絶対に酔わない」という自己暗示をかける。

＊厚着をせずにゆったりした服を着よう。

＊酔い止め薬を飲む。

②酔いにくい座席を選ぶ。

③乗車中は窓からできるだけ遠くの景色を眺めておくようにする。読書や下を向いてのゲーム、スマホ、携帯などは禁止。

④もし眠くなったら寝てしまってかまわない。

⑤気分が悪くなったら早めにシートを倒そう。窓を軽く開けて外の空気を入れよう。

参考文献
- アメリカの超有名病院の Mayo clinic の公式患者向けサイト
  http://www.mayoclinic.org/first-aid/first-aidmotion-sickness/basics/ART-20056697
- Spinks A, Wasiak J, Scopolamine (hyoscine) for preventing and treating motion sickness. *Cochrane Database of Systematic Reviews.* 2011;(6) : CD002851　スコポラミンが入っている薬が、酔い止めとしては一番効果があったという論文
- Cheung BS, Heskin R, Hofer KD, Failure of cetirizine and fexofenadine to prevent motion sickness. *Annals of Pharmacotherapy.* ;37(2) : 173-177, 2003
  花粉症とかで用いるあまり眠くならない抗ヒスタミンでは、酔い止めとしての効果が少ない、ということが述べられた論文
- Holtmann S, Clarke AH, Scherer H, Höhn M, The anti-motion sickness mechanism of ginger : A comparative study with placebo and dimenhydrinate. *Acta Oto-Laryngologica* ; 108(3-4) : 168-174, 1989
  ショウガが乗り物酔いに効果があったという論文
- Alkaissi A, Ledin T, Odkvist LM, Kalman S, P6 acupressure increases tolerance to nauseogenic motion stimulation in women at high risk for PONV. *Canadian Journal of Anesthesia.* ;52(7) : 703-709, 2005
  妊婦に手首のツボを刺激するリストバンドをつけたら、酔い止め効果があったという論文

赤ん坊のため？　親のため？

　アメリカは不思議な国で、CT検査暴露による放射線被害のクレームとかはすごいのに、必要じゃないのでは？というところで薬が出たりする。

　私がアメリカにいたときの話であるが、長男が生まれて予防接種を受けなくてはならなくなった。ワクチンを打てば後に痛みがあったり、熱も出たりするのが普通だが、毎回ワクチンを打つたびに解熱剤が8回分処方される。そして6時間おきに2日間飲ませなさいという指示が出る。小さい子は痛くても痛いといえないし、親心からなのかどうかはわからないが、日本人として非常に違和感を感じた。

　そして赤ん坊を連れて飛行機で旅行する際にも処方薬が！　それは抗ヒスタミン薬である。機内で早めに赤ん坊に投与すればスヤスヤ機内で眠ってくれることを期待しての投薬である。これって赤ん坊のためじゃなくて、一緒に旅行する親の負担を減らすためというのが本音じゃない!?

Q 車酔いを克服する運動はありますか？

A 三半規管を鍛えると車酔いしにくくなる。
例としては、
- 後ろ歩きをする
- ケンケンで移動する
- スキップをする
- つま先立ちをする（シャワー、台所、電車内など）
- 少しの段差を飛び降りてみる
- 腕立てふせ（逆立ち腕立てふせだとなおよい）をする、前転をする、側転をする
- 家の中で移動に慣れている廊下などを、目をつぶって移動してみる

Q 乗り物酔いは成長するとよくなりますか？

A よくなる人もいれば、あまり変わらない人もいる。なぜよくなるのかというと、これはやはり経験の量の違い。大人になると、乗り物には鍛えられて、自分がどうすると酔いやすいのかのパターンがわかるようになる。それを避けることなどで、経験的に酔わなくなる。

第13章　薬
その使い方って正しい？　薬のウソ、本当

養護教諭は薬剤師ではありません

「先生、この薬飲んでいいかな？」なんて聞かれたことが一度はあるはず。どれどれ？　と薬の添付文書を見ても、チンプンカンプン。当たり前です。養護教諭は薬剤師ではありません。細かい薬理作用などは知らなくて当然。でも子どもが聞きたいのは症状があって、今飲んでもいいかどうかということ。うーん、困った……。買った薬局に電話して聞くこともできないし……。

でも自分が昔小学生だった頃には、よく喉が痛くなって保健室で痛み止めの薬をもらっていたよなあ。あの頃と今の保健室、どう違っているのだろう。

処方箋薬と市販薬

まず、子どもが持ってくる薬には大きく分けて2種類ある。病院からもらうもの（処方箋薬）と薬局で買えるもの（市販薬）。薬としては基本的に変わりはない。処方箋薬は通常ひとつの薬剤にひとつの成分が入っている。咳止めには咳だけを止める単独の成分。だから症状が複雑な場合、つまり咽頭痛＋咳＋鼻水

などのような場合には、数種類の薬が必要になる。

　それに比べて市販薬は1錠に何種類もの成分が入っているので、服用に関しては便利。市販薬は売れてナンボの世界なので効きやすい、飲みやすいということが一番重要になる。それぞれの成分量は安全性を考慮し、処方薬に比べて少ない。

市販薬は効かないのか？

　病院外来では「市販の風邪薬を飲んだのだけれど効かないので、もっと効く薬が欲しい」と言ってくる患者が後を絶たない。「風邪の特効薬なんてそもそもないよ」と言っても引き下がらない。病院でもらう薬こそが効くと信じ込んでいるのだ。抗生物質や睡眠薬などは、その副作用の危険性から誰でも気軽に購入できないため、病院から処方してもらうしかない。

　副作用がない薬はない。体にやさしいといわれる漢方薬でも副作用がある。この副作用が怖いので、保健室で子どもに薬を投与することが問題とされるのだ。子どもが一人で服用しても、養護教諭が服用補助しても、薬が体内に入ることには変わりない。子どもが持参している薬は、親も安全だと思っているので大きな問題になることはまずないだろう。しかし、今まで服用したことがない薬に関しては要注意。年度初めには、保護者に保健調査票でアレルギー歴を提出させるほうがいい。

●保健調査票の例

年度当初には保健調査票から、児童生徒の既往歴や薬物アレルギーの有無等の情報収集を行うことが大切です。

※保健調査票の一項目（例）

薬物アレルギー 有・無	いつ頃からですか（　　　歳頃から） どんな薬品ですか（　　　　　　）

食前、食間、食後とは？

食前は食事前20～30分が最適。食間は食後2時間を経過してからで、食後は食事後30分以内をさす。

●食前・食間が望ましい薬

代表的なのは漢方薬。漢方薬は薬草のエキスからできており、独特の苦味やにおいを持っているために、食べ物と一緒におなかの中に入れると悪心を引き起こすことがある。だから食後は避けたい。また、空腹時の服用は、胃腸からの吸収がよいため、一般の薬より作用が穏やかな漢方薬に適している。

●食後が望ましい薬

代表的なのは解熱鎮痛剤。これらの強い薬による胃腸障害は、長期間服用すればするほど重大な問題となり、胃出血を招くような状況もみられる。したがって、食事により胃の粘膜を一時的に保護する必要があるのだ。

薬の使用期限とは？

一般用市販薬の場合は、薬の箱に有効期限が書かれているこ

とが多い。開封していない場合は製造日から３年程度はもつ。一般用目薬には防腐剤が入っているので、有効期限は使用開始から３か月程度。処方される目薬は１か月程度。開封した場合は散剤、顆粒(かりゅう)で３〜６か月程度。カプセル、錠剤、座薬、錠剤で６か月から１年程度といわれている。病院からもらう薬には使用期限が明記されていないので先に述べた期限を参考にしてほしい。

正しい目薬の差し方

　目薬くらい簡単！　と思っているアナタ。これが結構難しいのだ。大事な注意点を述べよう。

★１滴で十分

　目薬は、１滴で目に染み渡るように作られているから、１滴で十分。まぶたの中にためておける薬剤の量には限りがあるので、たくさん目薬を差しても、あふれ出て無駄になるだけ。

★目をパチパチさせない

目薬を差した後、目をパチパチさせると目薬が目の表面全体に届くように思われがちだが、せっかく差した目薬が涙と一緒に目頭の方に集まって、流れ出てしまう。

　眼球とまぶたの間には狭い隙間があり、目薬を差すと自然と薬液がすみずみまで行き渡る。目をパチパチせず、1分程軽く目頭を押さえながら目を閉じよう。

★目のどこかに1滴差す

　目薬を差す順番

① 手や指を石けんできれいに洗う。

② 目薬の先端に触らないようにして、キャップを外す。

③ 上を向いて、指で下まぶたを引き、目の中ならどこでもいいので、1滴だけ点眼する。容器の先がまつげや目に直接触れないように気をつける。

④ 点眼後はしばらく目を閉じ、約1分間、軽く目頭を押さえる。目薬が目の周りの皮膚について、赤く腫（は）れたり、かゆくなったりすることがあるため、あふれた目薬はティッシュなどで拭き取る。

⑤ 2種類以上の目薬を使用する場合には、点眼の間隔を5分以上空ける。

知っておきたい湿布のこと

「温かいのと冷たいのでは、どっちがいいのですか？」

よくある質問。打撲や捻挫の急性期は冷やし、急性期を過ぎた痛みやこりは温めるというのが常識とされてきた。だが、あまり医学的根拠はなく、アバウトだが「気持ちいい。痛みが和らぐ」方の湿布を選ぶのが答えである。

また、「湿布を貼るとかぶれるのですが……」という質問も。湿布を貼っただけではかぶれないが、日光に当たるとかぶれるものがある。日光過敏性の副作用があるケトプロフェンという成分が入っている湿布には注意が必要。名前でいうと「モーラステープ®」という湿布にケトプロフェンが入っている。紫外線に当たらない場所に貼れば問題ない。湿布を剥がしても数日の間は過敏反応が起きるので紫外線を避けなくてはいけない。そのほか、長く貼り続けていると、汗とかで汚れてかゆくなる場合もある。

湿布の効果は通常８時間程度。寝ているときに貼って朝取るといったイメージかな。同じ湿布を長時間貼り続けない、というのもかぶれにくくするコツである。また病院で処方してもらう湿布も市販の湿布も有効成分がほとんど同じなので、どちらの方が効くか、に差はない。値段は病院でもらう方がはるかに安い。

軟膏について

　ステロイドが入ったものや水虫の軟膏は一日一回塗れば十分である。ワセリンなどの保湿剤やかゆみを抑える軟膏は数回塗っても大丈夫。

　塗り方だが、まるで乾布摩擦するかのごとく軟膏を皮膚に強くこすりつける人がいるが、これは危険。皮膚に浸透させたい気持ちは分かるが、皮膚表面はとってもデリケート。こすることでかえって皮膚炎の原因になることもある。多めに皮膚につけてやさしく塗りのばしてあげよう。

「どのくらいの量を使ったほうがいいの？」

　軟膏、クリームの場合は、両手の手のひらにあたる面積につき、指の第一関節分にのる量ということになっている。ローションは指に乗せることができないので、１円玉の大きさのローションが両手の手のひらの領域をカバーするのに十分といえる（次ページ図）。

医療用医薬品預かり書

　主治医から学校へ渡してほしい書類の中で医療用医薬品預かり書というのがある。喘息の吸入薬から始まり、軟膏、目薬、内服薬など、病院で処方している薬の中で学校現場に持参する可能性があるものについては、保護者からの希望があった場合に預かり書を作成する病院もある。学校側としては、子どもが持参している薬が何のために、いつ服用するのかを知っておかないと、保健室で内服補助や吸入補助ができない場合もあるだろう。そういったときに保護者に相談して、主治医から預かり書を書いてもらうように勧めるといい。

●医療用医薬品預かり書

医療用医薬品預かり書（依頼書）（例）									
				（学校名）					
（フリガナ）児童生徒氏名			性別	男・女	薬物アレルギーの有無	有・無	どのような医薬品ですか？（　　　　　）		
学年・組	年　組 担任（　　）		生年月日	年月日	医療機関情報	医療機関名			
						住所			
診断名						電話番号			
主な症状等						主治医名	科　　　先生（直通電話　　　　）　　科　　　先生（直通電話　　　　）		
学校生活での注意事項					緊急時連絡先（優先順に記入してください）	優先連絡順	氏名	続柄	連絡先（電話番号）
緊急時の対応についての注意事項						①			
						②			
						③			
医薬品について	現在使用している医薬品名				その他の連絡事項				
	使用にあたっての注意事項				学校における日常の取り組み及び緊急時の対応に活用するため、本表に記載された内容を教職員で共有することに同意しますか？ 1　同意する 2　同意しない 　　　　　　　　　　　　　　　　　平成　年　月　日 　　　　　　　　　　　　　　　保護者氏名　　　　　印				
	保管についての注意事項	定期的な点検または交換時期（　　　　　　　　　）							

参考文献
・市販薬・処方薬情報サイト　healthクリック
　http://www.health.ne.jp/medicine/otc_index.html
　市販薬、処方薬の成分や薬効を即時に調べることができる便利なサイト。
・医者からもらった薬がわかる
　http://www.eminori.com/mdb/SIKTBL_N02_2070302.html
　薬の名前が分からないときに調べるサイト。薬が入っているシートなどにかかれている識別番号を入力すると薬名が出てくる。ちょっとマニアックな人向け。

後出しジャンケンはいつも勝つ？

　薬の世界でジェネリック（後発品）というのを、政府は勧めている。ある薬が開発されると10年間は特許があり、類似製品をほかのメーカーは製造できない。この特許期間が切れると安いコピーをどんどん作っていいことになり、政府は医療費高騰を避けるため「安い方を使ってくれ」と国民にお願いしているのだ。

　しかし公にはしないがジェネリックには欠点がいくつかある。コピーといっても先発品と同じなのは「有効成分」の部分であって、その他の「添加成分」はコピーすることができない。また安全性の面で臨床実験が行われていない。ジェネリックを作る製薬メーカーはコストダウンを図っており、病院に製品の説明をしにくる営業社員も先発品メーカーに比べてかなり少ない。

　海外では処方薬は保険が効かないことが多く、患者負担がかなりあるので、こういった安い後発品が普及するのだが、日本は国民皆保険で先発品の薬を買っても患者負担は少ない。医療の裏をみればまだまだ後発品普及は信用できない部分が否定できないのだ。

Q 薬の副作用によるかゆみや発疹（薬疹）について教えてください。薬疹は服用していつ頃から出るのでしょうか？

A 服用して感作されるまでに時間がかかるので、内服開始して4～7日後あたりに出現してくるのが一般的。

Q 薬疹が出現する場所の特徴はありますか？

A 特徴はありません。

Q 肌の弱い人が湿布を貼る場合に、どのような方法がありますか？

A 湿布薬を貼る1時間前から肌を保護する保湿剤を塗っておくとよい。かぶれにくくなる。

Q 温湿布と冷湿布の違いを教えてください。

A 冷湿布は冷たさを出すために、メントールやカンフル、ハッカ油などが使われていて、皮膚の温度を下げる作用もあります。温湿布は主に血行の改善を目的としていて、湿布自体が高温になるものから、カプサイシンを含み、その成分が浸透することによって血管拡張を狙っているものなどがある。

第14章 起立性調節障害
増えている子どものめまい

小児の「めまい」

　小児領域で「めまい」というと、原因となる病気としては「起立性調節障害」が圧倒的に多い。しかしまだ認知度は低い。私が中学生だった頃は、こんな言葉はほとんど聞いたことがなかった。朝なかなか起きられなかったり、体調がすぐれなかったりする子はみんな「自律神経失調症」とかテキトーな病名を付けられていた。

　この病気のことはまだ世界的にも研究されていない。起立性調節障害という言葉を英訳しても出てこないし、欧米の医学文献を調べても発表はほとんどない。アメリカでは「小児良性めまい」なんていう病名が付けられているものの、報告はなぜか少ない。だから日本の医者の間でも「小児のめまい」診療は苦手なことが多いのだ。

　起立性調節障害はとても頻度の高い疾患。好発年齢は10～16歳で小学生の約5％、中学生の約10％とされ、男子に比べて女子にやや多い。厚生科学研究の全国調査によると、一般小児科外来を受診した10～15歳のうち、約8％が心身症、神経

症などと診断されたが、そのうち約7割が起立性調節障害だった。

起立性調節障害の分かりやすい説明

一般の人にほとんど認知されない病気。だからこそ、よく理解して保護者へ分かりやすく説明することが必要になる。病気が起こるメカニズムは以下のとおりである。

人は立つと、重力によって血液が下半身に貯留し、その結果、血圧が低下する（心臓に戻る血液量が減少し、心臓から送り出される血液量が減るため）。健康な人では、これを防ぐために自律神経系の一つである交感神経が興奮し、下半身の血管を収縮させて血圧を維持する。また、副交感神経活動が低下して心臓の拍動が増加し、心拍出量を上げ、血圧を維持するように働く。しかし、子どもの場合は神経調節がまだ未熟なため、血圧は低下したままで脳血流や全身への血行が維持されなくなる。そのため、立ちくらみやふらつきが起こるのだ。血液による酸素や栄養の供給が悪いので、すぐに疲れやすくなる。

体を横にすると全身への血流が回復するため、このような症状が軽減して体が楽になる。起立性調節障害の子どもがゴロゴロと横になることが多いのはこのためなのだ。決して「怠け者」ではない。

　もうひとつ厄介なのは、起立性調節障害の子どもは神経調節の時間がずれ込むことである。自律神経の活動性には24時間周期の日内リズム（概日リズム）がある。例えば、人は早朝になると交感神経活動が増えて体を活性化し、夜には副交感神経活動が高まり体をクーリングダウンさせ、休養させる。ところが、起立性調節障害では、午前中に交感神経が活性化せず、5〜6時間以上も後ろにずれ込み、その結果、朝に体が休止しているような状態になる。

　その一方で、深夜になっても交感神経の活動性が下がってこないので、夜は体が元気になり、寝つきが悪くなるのだ。一見、生活リズムが乱れているように見えるのだが、その根本の原因は、自律神経系の日内リズムが後方にずれ込んでいるためなのだ。

起立性調節障害の診断基準

○保健室でできる診断ツール

診断基準

　右ページの症状のうち3つ以上当てはまると、起立性調節障害の疑いになる（診断にはさらに病院での検査が必要）。覚え

る必要はない。保健室の壁にでも貼っておこう。

1. 立ちくらみやめまい
2. 起立時の気分不良や失神
3. 入浴時や嫌なことで気分不良
4. 動悸(どうき)や息切れ
5. 朝なかなか起きられず午前中調子が悪い
6. 顔色が青白い
7. 食欲不振
8. 腹痛
9. 倦怠感(けんたいかん)
10. 頭痛
11. 乗り物酔い

○病院での検査、診断

1.仰向けに寝る

診察台の上に仰向けに寝て、血圧計や心電図、聴診器をセットして10分間安静を保つ。10分後に収縮期／拡張期血圧を3回測定する。医師が脈拍を計り、聴診器で血流音を聞く。

2.起き上がって血圧を測る

合図と同時に起き上がり、立つ。それと同時に医師がストップウォッチで時間を計り始める。血流音で血圧回復のタイミングを見てストップウォッチを止める。さらに、1分、3分、5分、7分、10分ごとに血圧と脈拍を計る。

病院では先ほどの症状での診断チェックのほか、心電図、血液検査、血圧検査などを行う。保健室での診療と少し違うのは、必ずほかの原因となる重大疾患を除外するのだ。起立性調節障害のように思えても、中には脳腫瘍や鉄欠乏性貧血や不整脈などが隠れている場合もある。これらの検査で異常がなければ前述の起立試験を行う。これはいつ実施をしてもいいわけではなく、症状が一番出やすい午前中に実施するというのが、ミソである。

　起立後3分から10分までの血圧が収縮期血圧で20以上低下、あるいは横になっているときよりも15％以上低下がある場合や、心拍数が1分間で115以上、あるいは横になっているときよりも35以上増加する場合に「起立性調節障害」という診断になる。保健室では実施しない方がいい。なぜかというと途中で気分が悪くなる子どもも出てくるからだ。薬物療法としては血管収縮をして血圧を上げる飲み薬を投与するのが通常である。

この病気は治るのか？

　保護者がいつも疑問に思うのは、「この子の将来は？」ということ。病気は治るのだろうか？　答えは治る。しかし、治るといってもある日突然よくなるという性質のものではない。

　実際には、ある一定期間は付き合わなくてはいけない病気といえる。日常生活にほとんど支障が出ていない軽い場合であっ

ても、暖かくなる春先に再発することが多い。学校を時々遅刻したり、たまに欠席したりするほどに日常生活に支障が出てきた場合には、回復に時間がかかる。このような場合は１年後の回復率は約50％、２～３年後は70～80％程度。朝が起きられないためにほとんど欠席するような場合は、回復するのにもっと時間がかかる。希望の高校に進学できなくなったり、入学できても欠席を繰り返すことになったりする場合が多い。しかし、高校２年生頃にはかなり回復し、日常生活にも支障がなくなってくる。成人になる頃にはほとんどの子どもが治ってしまうという大変予後がいい病気である。

学校対応はどうすればいい？

①「病気」ということを理解させること

　なぜ体調が朝に不良になるのかということを、しっかり医学的に分かりやすい言葉で教職員にも説明してあげよう。子どもは、周りの理解があって初めて本人も理解できるようになる。午前中に症状が悪くなり学校を遅刻しがちになるが、午後から夜にかけて体調が回復しているのをみると、ついつい「アイツ単に怠けているんじゃないの？」という目で見てしまいがちである。症状が悪くなるのは、一日の中では午前中、そして一年の変化でみると、血管が拡張しやすい春先から夏の時期といわれている。

②「朝はがんばらない」

「励ませばよくなる」「朝運動すればよくなる」などといって、

朝からはりきる先生がいたら要注意。このような努力はかえってあだになる。子どもはがんばろうと頭では思っていても、体がついていかない。起きられない、学校へ行けないということを繰り返して自信をなくしていくのだ。そして励まされることに拒否的になってしまい、引きこもる。決して朝からがんばってはいけないのだ。対応策としては、症状が改善する時間帯に登校させるのがよい。また長時間の起立や座位は脳血流を低下させるので、保健室や別室で楽な姿勢で学習できるようにしてあげよう。

③ 伝家の宝刀、主治医意見書を提出させる

　かかりつけ医から「診療情報提供書」※注を提出してもらおう。「診断書」は自費で、高額な値段を請求されることがあるので、保険診療内で発行できる「診療情報提供書」を、学校または学校医宛てに必ず書いてもらおう。起立性調節障害の子どもによって詳細は異なるが、「学校生活全てにおいて静止状態での起立を３～４分以上続けないこと」「暑気を避ける。夏に体育の

授業を見学させるときには、重症度が中等症以上では、涼しい室内に座って待機させる」などの記載をしてもらおう。

　日常生活にほとんど影響が出ていない「軽症起立性調節障害」では、運動制限の必要はない。症状のために学校を時々欠席してしまうような「中等症起立性調節障害」では、一見元気そうに見えても、競争を要する運動は避けるべき。また、起立失調症状（めまいや立ちくらみなど）などの体調不良が出現したら、速やかに臥位（がい）にして脳血流を回復させよう。学校をほとんど欠席して長期不登校となっている「重症起立性調節障害」では、登校した場合でも体育は中止しよう。

④ **学校生活では無理をさせないことが基本**

　めまいを少なくする立ち方としては、起立時にいきなり立たないで、頭を前屈させてゆっくり30秒以上かけて立つ。水分は1日最低1.5リットル以上飲むように勧めよう。これは水分を多くとることによって細胞外液量、いわゆる血液量が増え、血圧低下を防ぐことができるからだ。塩分も多くとる方がいい

が、理由は同じ。暑い環境ではより血圧が下がるので注意しよう。

受診させる判断基準と病院

養護教諭が受診させる判断基準は、先に示した起立性調節障害の基準項目（P.140〜141参照）を見て、症状がそれに当てはまるようなら受診を進めるのがよい。起立時血圧は、保健室で測定しなくても結構。測定の際に転倒する恐れがあるからだ。受診先は近くの内科または小児科で十分。ある程度は一般の先生でも対応できるので、最初から専門医を探す必要はない。専門医の紹介を必要とする場合は、近くの医師にまず相談するほうがいい。

保健室でできるアドバイスは？

細かいアドバイスは養護教諭がするのではなく、主治医に任せるのがいいだろう。主治医からの説明や治療方針が最優先されるべきで、保健室からの説明との乖離（かいり）があると、子どもは混乱してしまう。

一般的には、夜になると交感神経が活発になるため、夜更かし気味になってしまうので、早めに規則正しく就寝時間を決めて寝ること。体が楽になる午後には毎日30分ぐらいのウォーキング程度はやったほうがいいだろう。食事は塩分を多くとったほうが血圧が安定するので、多少味つけを濃くしたほうがい

い。

　詳しいことは保護者同意のもと、養護教諭と主治医間の連携をしっかりととるようにし、時々わからないことがあれば電話で主治医から治療方針などを聞いた方がいいと思う。

> ※注　診療情報提供書
> 　いわゆる診断書というのは「公的文書」で単に診断名だけ書かれているものである。この料金は病院の言い値で、中には１万円ぐらいとられるところもある。一方、診療情報提供書は病院からほかの医療機関や勤務先等に対して送られる書類で、保険診療の中で「文書料」というくくりで扱われており、３割負担で600円程度である。どこの医療機関でも値段は同じ。これは患者側から学校医または養護教諭宛てに「診療情報提供書を書いてください」と申し出ると、書いてもらえる。

学校医ってヒマ？？

　学校医を任されたのが約5年前。一体何をやればいいのかなとドキドキしていた。紹介していただいた先生の「健診以外は特にやることないよ。ヒマだよ」という言葉が今も脳裏に残っている。しかし、今実感することは、5年の校医活動と、法で決められている校医職務がかなりかけ離れているということだ。

　調べてみると、学校医の職務は学校保健安全法施行規則第22条に規定されている。ここに書かれているのは「学校医の仕事＝毎年一度の健康診断実施」ではない。実にたくさんの校医業務が書かれている。保健指導、行事への参加、応急処置、疾病予防対策など、本当に多くの業務がある。きちんとした報酬をいただきながら、その中で部分的にしか業務をしていないことを省みる自分がいる。学校側はもっともっと遠慮なく校医に近づいてもいいのに、と思う今日この頃である。

Q 起立性調節障害に対して、病院ではどのような治療を行うのでしょうか？

A 起立性調節障害は身体疾患なので、まず身体面での治療を進める。治療には非薬物療法と薬物療法があり、まず非薬物療法から開始する。規則正しい生活リズムの回復、塩分が一日10～12gで、水分は少なくても一日1.5リットル摂取するようにする。薬物療法では、昇圧剤のミドドリンなどを用いる。また加圧式腹部バンドや圧迫ソックスなどの下半身圧迫装具は、無駄な血液貯留を防ぎ速やかな症状軽減に役立つ。

一方、起立性調節障害はさまざまな精神的ストレスで悪化することがあり、心のケアが有効なこともある。もし、それが解決できそうならば勧めるが、すぐには無理であるならば、解決するまでゆっくり待つ、という方法をとる。友達関係のこじれであれば、心の引っかかりもすぐには解決しがたいので、本人の心が回復するまで保護者も教師もゆっくり見守る姿勢が大切。ただし、本人が心を打ち明ければ正面から取り組んでいこう。

Q 自律神経失調症と起立性調節障害は同じですか？

A 自律神経失調症とは、症状に見合うだけの臓器、器官に異常が認められない自覚症状の総称。一般に臓器・器官に異常がある疾患を器質性疾患といい、臓器・器官に異常がない疾患を機能性疾患という。機能性疾患は原因を特定できないことが多く、過労やストレスとされることが多い。起立性調節障害は思

春期に起こりやすい自律神経機能失調と考えられており、急激な身体発育のために自律神経の働きがアンバランスになった状態と説明されている。

Q めまいを起こす原因疾患には、ほかに何がありますか？

A 脳腫瘍、前庭神経炎、低血糖、不整脈、貧血など、多種多様な疾患がある。

第15章 プール対策
水泳可能な児童生徒の見極め

プールに関するたくさんの疑問

　7月から9月は養護教諭にとって頭の痛い季節となる。なぜかって？　それはプール授業があるからです。プールの事故が怖いのは当然だが、それ以外にも裸になるので皮膚病があったら入れないとか、中耳炎は治っているのかとか、日焼け止めを塗っていいのかなど、たくさんの疑問が養護教諭の頭に降ってかかる。どの教科書を見ても書いていないし、病院の先生の言うこともバラバラ。どうしよう！　というアナタの疑問に答えていきましょう。

　まず養護教諭として最初にぶつかる問題は「水泳可能な児童生徒であるかどうか」の見極めである。もしどこかの病院で治療中や管理中であった場合は、当然主治医からの意見書が最優先される。でも意見書の中には本当に大丈夫？　なんていう疑問符がつきそうなものもあるから、養護教諭として、しっかりそのあたりの医学的常識は踏まえておきたいもの。

本当に大丈夫？　プールに入る前のチェックポイント

① 外耳道炎、中耳炎の子どもは？

　イメージからすると、耳の中に水が入ると中耳炎が悪化しそうだからダメだと思うだろう。実際、耳鼻科の高齢の先生の中には、中耳炎ではプール禁止という人もいるだろう。

　でも実は、中耳炎はプールとかお風呂とかはほとんど関係ない。中耳炎を起こす菌は外耳道を通じて入ってくるのではなく、鼻腔から内耳を伝わって入ってくる。風邪がきっかけで増えた菌が、耳へ入って中耳炎を起こす。だから中耳炎の治療中でも鼓膜にチューブが入っていたり、熱や痛みがあったりしない限りプールに入ってもいいというのが正解。

　では外耳道炎はどうか？　外耳道は耳の入り口から鼓膜までの通路。ここに炎症がある場合、水が入ると悪化する恐れがあるのでプールは禁止。

　外耳道炎か中耳炎かで迷う場合は、耳たぶを引っ張ってみるといい。外耳道炎の場合、耳たぶを引っ張ると外耳道が伸びて刺激され、炎症があれば痛みが強くなるので判断できる。

　一方、中耳炎は鼓膜の炎症でじっとしても痛い。耳たぶを引っ張っても痛みは変わらない。それと、プール前は「耳あかがたまっていないか耳鼻科へ行け」といわれた記憶が自分にもあるが、調べてみると耳あかと外耳道炎発生とは何ら関係がない。プール前だからといって、耳あかを掃除しなさいという必要はない。

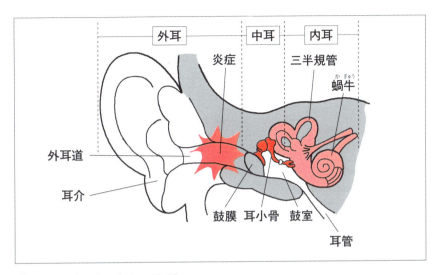

② 水いぼ、とびひの生徒

　水いぼは、ウイルス疾患で、直接肌と肌に触れ合えば感染する可能性がある。でもプールの水を介して感染することはないので、ビート板などを共有しない限りはプール可。

　一方、とびひは専門家の間で意見が割れている。プール反対派の意見は「とびひは病変部を乾燥させるためにガーゼとばんそうこうで覆っている。だからそれをとってプールに入ってはいけない。集団でプールに入ると肌が触れ合うリスクがあり、感染が広がる。プールの塩素の刺激でとびひが悪化することもある」というもの。一方、プール賛成派意見としては「通常の学校生活でも感染のリスクがあるので、プールだけを問題視するのはおかしい。プールに含まれる塩素により消毒されているので、むしろ感染が広まりにくい。ただし、入水前には水道水で全身を洗い、入水後は塩素を流すために再び水道水でしっかり洗うこと。プー

ルから上がったらタオルを友達と共有しない。プール後は病院で処方されている抗生物質軟膏（なんこう）をしっかり塗布するということを守る。傷口がしみるなどして子どもが水泳を希望しないときは控える」となっている。

　どっちも言っていることはわかるがゆえに、判断がつきにくい。でも今はモ〇スターペアレン〇なるお化けも学校の周りに多いというので、原則とびひは治るまでプール禁止というのが現実的なところかな。

③ **てんかんの既往の子どもは？**

　まず、病状の詳しい情報が欲しい。主治医から生活指導表を書いてもらおう。この指導表がない限りは学校判断でプール許可を与えない方が無難。多くの場合は「水泳可」と書かれていることだろう。

　ただし、湖や川あるいは海などでの水泳はダメ。足がつかない状況が考えられるし、流される場合もあるから。てんかん発

作においては運動中の発作は珍しい。多くは安静時、リラックスしたときに発作が出やすい。ただし、発作がプールの中で起きた場合に確実に助けることができるという体制が必要なので、監視員が最低でも2名以上必要である。よく目立つように帽子や水泳パンツを変える学校もあるが、思春期の場合は、差別に敏感であることは頭に入れて対応してあげてほしい。難しいのは指導表に「プール不可」と書かれていた場合。なぜダメなのかということを直接または保護者を介して主治医に聞いてみるとよい。

④ プール後の洗眼は必要？

　2009年慶応大学の研究チームから衝撃的な論文が出た。「洗眼は危険」ということ。論文の要旨は、塩素系消毒薬をプールと同じ濃度にして洗眼すると、角結膜上皮に傷がつき、角膜上皮バリアーが破壊される。水道水（プールよりは塩素濃度が薄い）による洗眼でも、眼表面を保護しているムチンが洗い流されてしまうという内容。

　涙は3層構造になっていて、私たちの目を守っている。角膜に接しているのはムチン層で、涙を目の表面にとどめる働きがある。ムチン層を覆っているのが水層で、涙の大部分が水層からできており、一番外側にあるのが油層で、涙が蒸発するのを防いでくれている。だからムチンは重要なのだ。

　この発表はアメリカの医学雑誌にも取り上げられ、プール後

に洗眼しないのが当たり前のアメリカ人の間では「日本人はまだ目を洗っているの？」と冷ややかな目が向けられたとか。それを元に2008年に日本眼科学会からプール後の水道水による簡単な洗眼は行ってよいが、積極的に推奨するものではない。それよりもゴーグル着用が望ましい、という発表がされた。

⑤ **紫外線対策は？**

　昔は夏にプールで真っ黒になると勲章みたいで誇らしかったが、今は「紫外線」が肌に悪いという意見が子どもたちの間でも浸透してきている。対策としては、プールサイドに屋根をつけたり、プールから上がったらバスタオルでくるくる巻いたり、紫外線を通さずに上半身をカバーするシャツであるラッシュガードを着用したりする、などの方法がある。日本臨床皮膚科学会からは以下のようなアドバイスが出ている。

● **紫外線の強い時間を避ける**

　10時から14時までは一番紫外線が強い。早朝や夕方は弱い。

紫外線は1年の中では4月から9月が強く、皮膚は色素を増し角層（皮膚の最外層）が厚くなることで、春先より夏から秋にかけて紫外線に対する抵抗力が強くなる。運動会などの、長時間に紫外線を浴びる行事は春よりも秋がよい。

●場所を工夫する

　日陰は紫外線が日向の約50％に減るので、テントやパラソル、よしずなどを積極的に利用すること。曇りでも晴天の80％以上の紫外線が出ているので対策は必要。

●サンスクリーン剤を上手に使う

　プールの水質汚濁が懸念されることもあるが、耐水性サンスクリーン剤を使用しても汚濁されないことは、複数の実証実験で明らかになっている。塗る時間は午前の授業であれば通学前に自宅で、午後の授業であれば昼休みに場所を決めて塗るようにすると、時間の無駄がない。

　勧めるサンスクリーン剤の条件は、次の3つを参考に。

（1）「SPF※（Sun Protection Factor）15以上」

　　　「PA ++ 〜+++」を目安

　　　普通の学校生活においては高SPFのものをむやみに使う必要はない。

（2）「無香料」＆「無着色」の表示があるものに制限

（3）プールでは「耐水性」or「ウォータープルーフ」表示のもの

※ SPFは、サンプロテクションファクター（Sun Protection Factor）の略で、主にUV-B（紫外線B波）の防止効果を表す目安の数値。数字が大きいほど効果が高い。この数値の意味だが、50だと50時間効いて30だと30時間効くという意味ではない。紫外線が当たり出してから日焼けしてしまう（＝紅斑といって赤い斑点が出て炎症を起こしている状態）まで、人によって個人差があるが、だいたい15分〜20分といわれている。それを例えばSPF30なら30倍遅らせることができる……という意味。

　PAは、プロテクショングレイドオブUVA（Protection Grade of UVA）の略で、主にUV-A（紫外線A波）の防止効果を表す目安の数値。＋の多さがUV-Aに対する効果の高さを示す。＋＋＋＋、＋＋＋、＋＋、＋の4段階があり下記のように設定されている。

PA++++	極めて高い効果がある
PA+++	非常に効果がある
PA++	かなり効果がある
PA+	効果がある

⑥プール熱の場合

　夏にはやる病気に咽頭結膜熱、通称プール熱というものがある。原因はアデノウイルス感染で、結膜炎と咽頭炎の症状があ

る。高い熱も出て、診断は比較的容易である。感染力が強く、プールでの子ども同士の接触感染やバスタオルなどの共有を介しての感染もある。プールで一気に感染が広まる恐れがあるということから「プール熱」と呼ばれているのである。どの程度までプールに入ってはいけないかというと、一般的には症状が完全に消えて2日経過してからということである。

参考文献
- 「学校における水泳事故防止必携（新訂二版）」（独立行政法人日本スポーツ振興センター、平成18年5月）
- 「水泳指導の手引き（二訂版）」（文部科学省、平成16年3月）
- 「プールの安全標準指針」（文部科学省、国土交通省、平成19年3月）
- Robertson LM , Marino RV, Namjoshi S, Does swimming decrease the incidence of otitis media? *The Journal of American Osteopathic Association* 97(3) : 150-152, 1992　小児の中耳炎発症に関してプールはなんの影響もなかったという文献
- Andersson M, Hedman L, Nordberg G, Forsberg B, Eriksson K, Römark E, Swimming pool attendance is related to asthma among atopic school children: a population-based study. *Environmental Health* 14(1):37, 2015 [Epub ahead of print]
- 学校生活における紫外線対策に関する日本臨床皮膚科医会の統一見解（日本臨床皮膚科医会、平成23年10月）

医療裁判が多くなる？

　今の世の中、弁護士さんの数が余っているとのことで、今度は減らす方針だとか。仕事にあふれた弁護士さんたちは、医療訴訟に目が向くのだろうか。アメリカなどは「裁判で負けたら費用ゼロ。医療で疑問がある場合は電話を！」なんていう法律事務所の広告が多い。

　多民族国家の米国では良いことをしても一つのミスで医者が訴えられ、多額の賠償金を払わなくてはいけないことがよくある。私の知り合いの産婦人科医は、収入の半分が毎月の訴訟保険料を占めているほど。日本でもその波が押し寄せている。「神の手」と呼ばれる脳神経外科の福島教授も2011年に日本において医療ミスで訴えられている。

　一生懸命やった結果が必ずしもいい結果になるとは限らない医療の世界。訴える側にとってみれば、さまざまな理由があり裁判を起こすのだろう。賠償金目当てであれば修正はきかないが、医療者への憎しみという理由ならば、対応次第では医師患者関係の無駄な裁判を減らすことができるかもしれない。

Q 当日、プールを中止した方がよいのはどのような子どもですか？

A 全身状態の悪い子ども。例えば嘔吐（おうと）が止まらない、38.5度以上の発熱、頭痛、腹痛が強いなど。

Q 中耳炎は抗生物質が出されますが、効かないという話も聞きます。どうなのでしょうか？

A 原因の多くがウイルスなので、抗生物質は効果がない。

Q 中耳炎では、病院受診するのは早ければ早いほど治りが早いですか？

A 最初のうちは鎮痛剤で80％程度が治る。3日たっても痛みが改善しなかったり、聴力がよくならなかったりしたときは、病院を受診しよう。遅過ぎることはない。

第16章 突然死
突然死を起こしやすい心疾患

備えあれば憂いなし！　マラソン大会への準備編

　秋から冬にかけて寒くなってくると、やってくるのがマラソン大会。さすがに暑い季節は熱中症の恐れがあるので避けていただろうが、運動の得意でない子どもにとってはなんとも嫌なシーズン。それにも増して、養護教諭にとっても頭を悩ます時期なのではなかろうか？

　大会の日が迫るにつれて「あの子、本当にマラソン走れるのかな？」「当日何人も気分が悪くなったらどうしよう」といった不安が増す。特に初めて赴任した学校では、まだ子どもの状況を完全につかめていない。「いっそのことマラソン大会は雨で中止にならないかな」なんて、雨降れボウズを内緒で干すなどしていないかな？

なかなか減らない子どもの突然死

　日本スポーツ振興センターのデータによると、小学校から高校生までで年間20〜30名ほどが、毎年突然死している。最近の統計では児童生徒100万人あたりの1年間の突然死の頻度

は小学生0.4人、中学生2.5人、高校生4.2人であり、年齢が高いほど突然死が多いという結果になっている。

　男子が圧倒的に多く、運動中の突然死が50％、運動直後が15％となっている。小学校高学年から頻度が増加し、中学校1年生で急激に増加、高校1年生でさらに増加する。

　逆に中学校も高校も2年生以降では明らかな増加は認めていない。この理由は不明だが、部活の影響もあるのではと考えられている。すなわち新入学の中学校1年生と高校1年生では、

●**突然死発生月別状況**（平成11年度〜平成20年度）

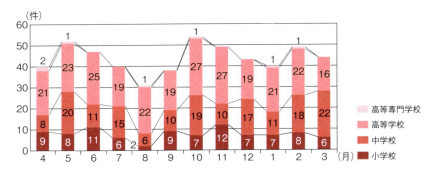

●**突然死発生時間帯別状況**（平成11年度〜平成20年度）

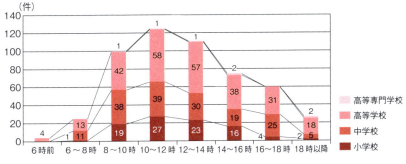

（独立行政法人　日本スポーツ振興センターのデータから）

部活などによる急激な運動量の増加と質の変化が原因の一端ではないかと考えられているのだ。ただし、運動中と運動直後の突然死を合わせると65％なので、残り35％は非運動時に起こっていることになる。だから部活だけが原因ではないともいえる。児童・生徒の突然死の原因は、心臓疾患が圧倒的に多い。一般に小学生突然死の70％、中学生の75％、高校生の85％が心臓に原因があったとされている。

突然死を起こしやすい心疾患

　ここで少し難しい病名の羅列になってしまうが、突然死を起こしやすい心疾患を挙げてみよう。

① **先天性心疾患**

　心奇形及び各種弁膜症、冠動脈異常、特発性心筋症

② **後天性心疾患**

　心筋炎、川崎病、冠動脈硬化狭心症、心筋梗塞

③ **不整脈**

　心室性期外収縮、完全房室ブロック、完全左脚ブロック、家族性ＱＴ延長症候群、ＷＰＷ症候群

　①の先天性心疾患に関しては、生まれながらにして異常が指摘され、今まで何らかのフォローがされていたりするので心疾患を持っている子どもの見落としはないだろう。すでに完治していたり、あるいは運動負荷を与えても耐えることができたりするというのが今までの生活からも把握できるかと思う。

②に関しては少し診断が難しくなる。今までの既往歴が非常に大切になるが、川崎病や心筋炎は以前に罹患（りかん）していても病院にかかっていないケースもある。そうなると後々発症する合併症などに気がつかなくなってしまう。また小児肥満も増えてきており、生活習慣病の低年齢化が進み、大人に多くみられていた心筋梗塞が小児でも増えてきている。

　③は一番厄介である。不整脈はあまり自覚症状がなく、心電図で初めて指摘されることも多い。従来の心臓検診では心電図検査の頻度も少なかったり、十分に問診に時間をかけられなかったりする状況をみると、見落としは少なくないだろう。

事前にチェックすべきこと

　家庭から出される健康調査票や健康診断だけでは不十分である。どの子どもが突然死のリスクがあるのかを抽出することはできない。残念ながら日本では突然死を予防する詳しいチェックリストがない。

　一方、予防医学にたけている米国では、今から20年前にスポーツと突然死の関連に着目して、その予防に努めてきた。心臓病に関する学術・患者支援団体の米国心臓協会（AHA）は、1996年と2007年に、極めて激しい練習をするスポーツ選手に対し、競技の前に監督が12項目のリストを使って健康状態をチェックするよう推奨した。

　ここで紹介するチェックリストは、AHAが米国心臓病学会

（ACC）とともにこのリストに2項目を加え、12〜25歳向けに新たに作り直したもの。以下のような内容になっている。

このうちの1項目でも該当する場合は、病院での精密検査を勧めている。

なお、このチェックリストはマラソン大会参加の全員が対象となる。結構な量だが、仕方がない。大会前の健康調査は、最低このチェックリストを参考に聞こう。

このチェックリストで一つでも当てはまる場合は、医師の事前診断が必要になる。

AHA・ACC心臓突然死チェックリスト

◆ 個人歴

①運動に関連した胸の痛み・違和感・締めつけ感・圧迫感

②原因不明の失神・めまい

③運動に関連した息切れ・疲労・動悸(どうき)

④以前に心雑音を指摘されたことがある

⑤血圧の上昇

⑥以前にスポーツへの参加が制限されたことがある

⑦以前に心臓検査を受けるように医師に言われたことがある

◆ 家族歴

⑧突然または原因不明の心臓病で50歳以前に死亡した近親者が1人以上いる

⑨50歳未満で心臓病による障害を負った近親者がいる

⑩以下の心臓病にかかった家族がいる。
　肥大型・拡張型心筋症、QT延長症候群などのイオンチャネル病、マルファン症候群、顕著な不整脈

＊⑤の血圧の上昇の数値の定義はない。一般に収縮期血圧140以上または拡張期血圧90以上に該当する場合をさす。
＊⑧と⑨の近親者は親ときょうだいまで。
＊⑩マルファン症候群…体の結合組織に異常をきたす遺伝性の病気。その兆候は背が高く、やせ形で関節がゆるい。手足、手の指、足の指が長い。鳩胸や漏斗胸であることも多い。結合組織が元々弱いため、大動脈解離などを起こしやすい。

マラソン大会直前＆当日

　大会当日に何があっても慌てないように、用意周到な準備が必要。まさに飲み会におけるデキる幹事役のように細かい段取りを事前に行わなくてはいけない。

　最初に喘息（ぜんそく）や心臓疾患、その他慢性疾患の既往がある子どもは事前に主治医に「大会参加の可否と注意しなくてはいけないこと」を書面で書いてきてもらおう。少し極端かもしれないが、主治医からの許可が出なければマラソン大会に参加させないというルールがあれば、それを継続させたほうがいい。

　また、保護者が参加に向けて心配になることもあるので、健康相談などの希望がある場合は、保護者が学校医へ事前に相談

できる仕組みをつくっておいたほうがいい。

　大会当日は、できれば医師または看護師といった医療関係者を現場に待機させよう。今では芸能界のスポーツ大会やら大きなお祭りなどでも、医師または看護師が常駐するということが珍しくない。ましてマラソン大会などは日常では体験することができないほど身体的負荷を生じるので、どんな症状が子どもに出るのか想像がつかない。突然死とまではいかなくても過呼吸、筋肉けいれん、打撲などはよく起こることであり、養護教諭一人ではとても対応しきれない。

　また今は、保護者側も非常に神経質になっているため、学校側が本当に安全配慮に徹して大会を催したのかということが指摘されるので、医療関係者の待機は必須になる。

　この際、本当ならば学校を管理している学校医にお願いするのが妥当であるが、専門外とか忙しいとかいう理由で断られてしまうこともあるかと思う。そんなときは地元の医師会、あるいは医師人材派遣会社などにお願いをするといい。多少の人件費がかかってしまうが、緊急時のリスクを思うと仕方がないだろう。当日も簡単な問診票を用意し、少しでも体調に不安がある子どもは全員、医師または看護師の診察を受けさせよう。

　そのほかに必要な段取りとしては、当日のいざという時に搬送先になりそうな近隣の病院への事前連絡を忘れずにしよう。病院側としても、今日はどこでお祭りや運動会あるいはマラソン大会などが開かれているか、などの情報があると、スタッフ

配置や受け入れなどがスムーズに行くからだ。

　そして最後に当たり前であるが、救命講習の事前トレーニングを忘れずに。職員、児童生徒へのＡＥＤの使い方や適切な心臓マッサージのやり方などの指導をビデオや実技を通してやっておくといい。人間の記憶は確かではない。定期試験前に詰め込み勉強したように、本番前の訓練が非常に重要。

　こういったことは個々の養護教諭の力では難しいかもしれないが、最低限必要な準備であることは忘れてはいけない。なお、インフルエンザ罹患後に何日たてば大会に出られるのか、というガイドラインなどはまだない。体調と本人や家族の意思を考えながら柔軟に対応していくしかない。

参考文献
・斉藤文洋他：剖検例にみる心臓性突然死の背景、『CARDIAC PRACTICE』6(3), 1995
・Maron BJ et al., Assessment of the 12-lead ECG as a screening test for detection of cardiovascular disease in healthy general populations of young people (12-25 Years of Age): a scientific statement from the American Heart Association and the American College of Cardiology. *Circulation* 130(15) : 1303-34, 2014

悩む出席停止期間

　保護者がよく持ってくる書類に、出席停止期間を書くものがある。周りの子にうつすと迷惑がかかるからという思いからだけではなく、これさえあれば欠席にならない、だから「皆勤賞」狙いのために……という親もいるから恐ろしい。

　インフルエンザや手足口病など、診断がはっきりするものは、出席停止期間の記入は難しくない。しかし悩むのが「胃腸炎」。

　胃腸炎には大きく分けて３種類ある。ノロとかロタに代表されるウイルス性胃腸炎。食中毒で有名な細菌性胃腸炎。そして冷たい物をとったり、大食いをしたりすることで起きる、いわゆる消化不良。人にうつす可能性があるのは、最初のウイルス性胃腸炎。ガイドラインをみると「下痢、嘔吐症状の回復後、全身の状態が良い者は登校可能」ということになっている。でも「回復」の基準は？　全身状態がいいというのは熱がないだけのこと？　といったように、まさにピッタリいく正解というのはないのだ。

　まあ、曖昧なガイドラインがあるおかげで、親と医者間の合意で出席停止期間が決まるという、いいような悪いような結果になるのだ。

Q マラソン当日、走らせない方がよいのはどのような子どもですか？

　一般的には、その日の体調があまりすぐれない児童生徒。37.5度以上発熱、嘔吐（おうと）、激しい下痢などの訴えがある場合、マラソンは控えたほうがいい。そのほかでいうと喘息（ぜんそく）。最近発作が出て病院へ行き、薬を開始されたとか、あるいは薬が増量になった場合においても注意が必要。判断がその場でつかない場合はかかりつけ医に問い合わせてもいいだろう。

さくいん

あ

アデノウイルス............ 85,86,90,158
アナフィラキシー............47,48,52,56
アレルギー............... 33,49,50,55,87
アレルギー性蕁麻疹..................... 48
胃腸炎........................47,85,86,87
医療用医薬品預かり書........ 134,135
咽頭結膜熱............................ 158
イントレランス......................... 48
インフルエンザ................ 25,33,38
嘔吐... 9,10,12,31,70,78,84,87,88,90, 91,92,96,101,102,106,119,161,171

か

外耳道炎............................... 152
過呼吸.................... 57,58,59,60,65
風邪...... 24,25,26,27,28,29,30,31,33, 34,38,47
学校健診.............................. 107
感染性胃腸炎.......................... 87
カンピロバクター.................... 93
感冒..................................... 24
キーゼルバッハ部位.................... 67
急性蕁麻疹.........................47,48
強直間代発作......................... 16
起立性調節障害...... 138,139,140,149
空気感染........................... 38,40
経口感染............................... 88
けいれん......6,7,8,10,12,14,17,20,21, 22,23,78
結核............................... 33,38
血管性浮腫.........................48,55
欠神発作............................. 16

血便............................. 91,92,93
解熱剤............................29,43
下痢...... 31,85,87,88,89,90,91,95,96, 97,98,99,102,103,106,171
倦怠感......................... 24,69,78
高熱.............................. 25,30
コプリック斑....................... 42
コリン性蕁麻疹...................... 48

さ

サルモネラ.......................... 93
酸素飽和度.................... 60,61,63
三半規管.................. 116,117,126
ジェネリック...................... 136
紫外線................ 132,156,157,158
湿疹............................. 35,36
湿布.................... 132,133,137
紫斑............................. 37,68
市販薬........................ 127,128
しびれ.............................. 59
症候性てんかん.................... 15
食中毒.......................50,51,87
処方箋薬......................... 127
心因性非てんかん発作............. 19
腎盂腎炎........................... 25
心疾患............................ 164
心臓突然死チェックリスト......... 166
蕁麻疹...... 36,45,47,51,52,53,55,56
水痘.................... 38,40,41,42,44
髄膜炎........................... 11,15
頭痛........ 24,25,39,51,59,78,84,85
セカンドインパクトシンドローム... 81
咳............... 24,27,33,38,39,47,70

喘息……………………………14,26,60,65
喘鳴……………………………… 110,111

た
脱水………………… 31,91,92,99,102
脱力発作………………………………16
中耳炎………………………… 152,161
聴診………………… 65,110,111,112
てんかん……6,7,9,10,14,15,17,18,19,
　20,23,154
頭部外傷………………………………77
頭部打撲………………………………77
特発性てんかん………………………15
突然死………………… 162,163,164
とびひ……………………………… 153

な
軟膏…………………………… 133,134
熱………………………………11,39,69
熱性けいれん…………………………11
脳炎………………………………………11
脳震盪……… 76,77,78,79,80,81,84
乗り物酔い………… 116,117,119,126
ノロウイルス………………85,86,89,90

は
肺炎………………………………………26
バイタルサイン………………………61
発熱……………………………29,51,75,87
鼻血……………………………… 66,70,75
鼻水…………………………………24,39
バランステスト………………………79
非感染性胃腸炎………………………87
鼻出血……………………… 67,68,75
ヒスタミン………………… 46,51,119

飛沫感染………………………… 38,88
ピリン系・非ピリン系…………… 33
風疹……………………………………… 38
プール熱………………………… 158,159
腹痛……………………………… 25,47,87
不整脈………………………… 164,165,167
物理的蕁麻疹…………………………… 48
ヘルペス………………………………… 40
膨疹………………………………… 35,45
発疹…… 26,33,35,36,37,38,39,41,42,
　44,46,137

ま
麻疹………………………………38,39,42,44
マスク…………………………………… 27
慢性蕁麻疹…………………………47,48
水いぼ…………………………… 40,41,153
目薬…………………………… 130,131
めまい… 59,76,78,109,115,138,141,
　145,150,166
問診票…………………… 109,110,115

や
薬疹…………………………… 35,55,137
溶血性尿毒症症候群…………………… 93
予防接種…………………………… 19,38

ら
ロタウイルス………………85,86,89,90

わ
ワクチン…………………………38,39,40

A〜Z
O-157……………………………………… 93
PHVA……………………………………… 63
SPF ……………………………… 157,158

■ 著者紹介 ■

北垣毅（きたがき　たけし）

医療法人社団　北垣会　たけしファミリークリニック院長
千葉大学医学部臨床教授

1995年高知大学医学部卒業。日本医科大学高度救命救急センター等を経て1999年渡米、フロリダ州の救急救命士養成学校に入り2年間アメリカで救急活動を行う。2001年に米国医師免許取得後、インディアナ州ユニオン病院家庭医療学センター研修医となり3年間でプライマリケア（家庭医療、総合医療）全般を習得。その後、亀田総合病院総合診療部医長、上尾中央医科グループ東川口病院総合診療科部長、花見川中央クリニックで9年間地域医療に従事後、2016年11月開業。2012年から千葉大学医学部臨床教授も務める。「病に厳しく、人に優しく」の精神で、家庭医療（総合診療）に取り組んでいる。地域の保育園から高校まで多くの学校医も兼務。東京女子医科大学八千代医療センター臨床研修指導医も務める。

協力：千葉県立高校　養護教諭　宇田川和子

本書は『健』（日本学校保健研修社発行）で連載されていた「フィジカルアセスメントの"ホント"のところ」（2014年11月号〜2016年6月号）をもとに、大幅加筆したものです。

すぐに使えてよくわかる
養護教諭のフィジカルアセスメント2

| 2017年8月1日 | 初版第1刷発行 |
| 2023年12月20日 | 初版第4刷発行 |

著　　者　　北垣 毅
発 行 人　　松本 恒
発 行 所　　株式会社 少年写真新聞社
　　　　　　〒102-8232　東京都千代田区九段南3-9-14
　　　　　　Tel（03）3264-2624　Fax（03）5276-7785
　　　　　　URL https://www.schoolpress.co.jp
印 刷 所　　大日本印刷株式会社
　　　　　　©Takeshi Kitagaki, Kazuko Udagawa
　　　　　　2017 Printed in Japan
　　　　　　ISBN978-4-87981-606-1 C3037
　　　　　　NDC374

編集：矢崎公一　DTP：金子恵美　校正：石井理抄子　イラスト：森千夏　装丁デザイン：FROG KING STUDIO　編集長：東由香

本書の訂正・更新情報を、弊社ホームページに掲載しています。
https://www.schoolpress.co.jp/「少年写真新聞社　本の情報更新」で検索してください。
本書を無断で複写・複製・転載・デジタルデータ化することを禁じます。
乱丁・落丁本はお取り替えいたします。定価はカバーに表示してあります。